तुलसी संदर्भ

वाणी प्रकाशन

नयी दिल्ली-110002

तुलसी संदर्भ

डॉ. नगेन्द्र

वाणी प्रकाशन

वाणी प्रकाशन

'लोगो' वाणी प्रकाशन : मक़बूल फ़िदा हुसेन

वाणी प्रकाशन, 4695, 21-ए, दरियागंज, नयी दिल्ली-110002

वाणी प्रकाशन, अशोक राजपथ (पटना कॉलेज के सामने), पटना (बिहार)

TULSI SANDARBH

by Dr. Nagendra

Criticism

ISBN : 81-7055-583-3

प्रथम संस्करण 1998

आवृत्ति 2011

मूल्य : 100/-

वाणी प्रकाशन

फोन : 0091#11#23273167, फोन व फैक्स 23275710

वेबसाइट : www.vaniprakashan.in

ई-मेल : vaniprakashan@gmail.com

दीपक ऑफसेट द्वारा दिल्ली-110095 में मुद्रित

प्राक्कथन

वाणी प्रकाशन की ओर से हम यह पुस्तक तुलसी पंचशती की स्मारिका के रूप में प्रस्तुत कर रहे हैं। इसमें तुलसी काव्य के विभिन्न पक्षों से सम्बद्ध, वरेण्य समालोचक डॉ. नगेन्द्र के पाँच लेख संकलित हैं।

हमें आशा है कि तुलसी काव्य के प्रेमी महाकवि के प्रति हमारी विनम्र श्रद्धांजलि स्वीकार करेंगे।

-प्रकाशक

अनुक्रम

तुलसीदास की प्रासंगिकता

तुलसी का काव्य : आधुनिक जीवन-संदर्भ और प्रासंगिकता का प्रश्न

[सौंदर्यशास्त्र की दृष्टि से]

यद्यपि प्रासंगिकता का प्रश्न आधुनिक समीक्षा के अंतर्गत ही उभर कर आया है, लेकिन प्राचीन आचार्य तथा समीक्षक भी इससे अनभिज्ञ नहीं थे। काव्य-प्रयोजन के निर्णय तथा काव्य-वस्तु के विवेचन-विश्लेषण के प्रसंग में प्रासंगिकता—अर्थात् जीवन-संदर्भ में उसकी सार्थकता के प्रश्न पर प्रत्यक्ष अथवा अप्रत्यक्ष रीति से अवश्य ही विचार किया गया है। अपने युग के लिए किसी कालजयी कृति के संदेश का विचार करते समय यह प्रसंग और भी स्पष्ट हो जाता था। यदि कोई प्रबुद्ध पाठक आधुनिक रचना की प्रासंगिकता का भी सवाल उठाता है तो उस पर विशेष आपत्ति नहीं हो सकती—किंतु सार्थकता का प्रश्न अतीत से संबद्ध रचना के संदर्भ में ही अधिक सार्थक होता है। 'अतीत से संबद्ध रचना' का तात्पर्य यह है कि विवेच्य कृतिविशेष की रचना अतीत काल में हुई हो, अथवा उसकी विषयवस्तु अतीत से संबद्ध हो—या फिर, उसकी रचना अतीत युगों में निर्धारित नियमों और सिद्धांतों के आधार पर अथवा उनकी मूलवर्ती काव्य-संवेदना के अनुरूप हुई हो। इस प्रकार प्रासंगिकता अथवा सार्थकता की समस्या के साथ दो अनुबंध जुड़े हुए हैं : (1) अतीत और वर्तमान का समीकरण और (2) साहित्य पर देशकाल के अनिवार्य प्रभाव की स्वीकृति। कहने का तात्पर्य यह है कि वर्तमान जीवन के संदर्भ में अतीत की रचना की प्रासंगिकता का निर्णय करना ही सामान्यतः अधिक सार्थक होता है और इस प्रकार के निर्णय के लिए यह मानना आवश्यक हो जाता है कि मूल्य-निर्धारण के प्रतिमान अनिवार्यतः देशकाल से प्रभावित होते हैं।

साहित्य के प्रति तीन स्पष्ट दृष्टिकोण हैं : (1) सौंदर्यवादी, (2) नैतिक-सांस्कृतिक

और (3) सामाजिक। अतः किसी कवि या कलाकार—प्रस्तुत प्रसंग में तुलसीदास के कर्तृत्व की सार्थकता का विचार तीन घटकों में किया जा सकता है : (1) सौंदर्य-तत्त्व अथवा कला की दृष्टि से, (2) नैतिक-सांस्कृतिक दृष्टि से, और (3) सामाजिक दृष्टि से। दार्शनिक चिंतन का अंतर्भाव नैतिक-सांस्कृतिक प्रभाव में हो जाता है क्योंकि दार्शनिक सिद्धांत अंततः जीवन-दर्शन में ही व्याप्त होकर जीवन और काव्य के लिए सार्थक हो सकते हैं। इसी प्रकार राजनीतिक विचार भी सामाजिक विधान का ही विस्तार अथवा आयाम होते हैं।

सौंदर्य अथवा कला/संवेदना की दृष्टि से

[तुलसी-काव्य की सार्थकता]

सौंदर्यवादी के लिए तो सौंदर्य ही चिरंतन आनंद का स्रोत या पर्याय है। इसलिए वर्तमान या किसी अन्य युग-विशेष के लिए किसी कलाकृति की प्रासंगिकता का प्रश्न उसके लिए सार्थक नहीं है। अतीत-वर्तमान का समीकरण और देशकाल के अनुसार परिवर्तन का सिद्धांत भी उसके लिए प्रासंगिक नहीं है। उसके लिए सौंदर्य ही सत्य है और सत्य ही सौंदर्य। वह केवल इतना ही जानता और मानता है और इतना ही जानना या मानना चाहता है। किंतु यह मान्यता केवल परंपरावादी सौंदर्यशास्त्र की है। आधुनिक सौंदर्यशास्त्र इस स्थविर मत को स्वीकार नहीं करता। देशकाल के अनुसार परिवर्तन के सिद्धांत को वह भी उसी प्रकार मानता है जिस प्रकार कि समाजशास्त्र, और वह यह भी मानने से इन्कार करता है कि हमारी सौंदर्य-संवेदना और उसके अनुसार सौंदर्य के प्रतिमान देशकाल के साथ नहीं बदलते। उदाहरण के लिए, परम्परावादी सौंदर्यचेता जहाँ यह मानकर चलता है कि तुलसीदास के काव्य के कलात्मक सौंदर्य का प्रभाव सार्वदेशिक और सार्वकालिक है और उसकी सार्थकता देशकाल की सीमाओं से परे है, वहाँ आधुनिक सौंदर्यवादी स्पष्टतः भिन्न दृष्टि से विचार करता है। वह यह मानकर चलता है कि तुलसीदास ने एक सर्वथा भिन्न परिवेश में—पूर्व-मध्यकाल के धार्मिक वातावरण में अपने काव्य की रचना की थी—और इसलिए यदि आज के पाठक की सौंदर्य-संवेदना का परितोष उसी रूप में नहीं होता जैसा कि पूर्ववर्ती युगों के पाठक का होता था या आधुनिक युग में भी धार्मिक प्रवृत्ति के पाठक का होता है तो यह अस्वाभाविक नहीं है। इसके पीछे यह तर्क है कि प्रत्येक युग के प्रबुद्ध पाठक की सौंदर्य-संवेदना, उसकी जीवन-दृष्टि के समान ही अपने देशकाल के साथ बदलती

रहती है और उसके लिए अपने पूर्ववर्ती युगों के काव्य का पुनर्मूल्यांकन आवश्यक हो जाता है। इस तर्क में काफी सार है। हिंदी साहित्य के उत्तर-मध्यकाल में भी जब काव्य में रीति-विवेचन और शृंगारिकता का प्राधान्य हो गया था, रसज्ञ पाठक तुलसीदास के काव्य को विशेष महत्त्व नहीं देते थे। उस युग के कवि-आचार्य केशवदास से संबद्ध जनश्रुति इसका प्रमाण है। एक बार केशवदास से किसी ने पूछा कि हिंदी का सर्वश्रेष्ठ कवि कौन है, तो उन्होंने उत्तर दिया—"केशवदास"। "तुलसी और सूरदास के विषय में आपका क्या विचार है ?" "वे तो महात्मा हैं।" यह चाहे सत्य घटना हो या प्रवाद मात्र किंतु इससे यह सिद्ध होता है कि कुछ ही दशाब्दों के अंतराल से कला के प्रति दृष्टिकोण में स्पष्ट अंतर आ गया था। वास्तव में यह स्थिति आधुनिक युग के आरंभ तक बनी रही। उस समय भी काव्य का मर्मी पाठक-वर्ग 'सूरसागर' और 'रामचरित मानस' का अध्ययन प्रायः धर्मग्रंथों के रूप में ही करता था। काव्यानंद तथा कलात्मक पारितोष के लिए वह केशव, बिहारी, मतिराम, पद्माकर आदि की रचनाओं का आस्वादन करता था। यदि जीवन-दृष्टि में विशेष परिवर्तन न होने पर भी, काव्य-रुचि में इतना स्पष्ट परिवर्तन हो सकता था, तो आधुनिक रुचि-संस्कार के पाठक के लिए तुलसी-काव्य की सार्थकता के विषय में प्रश्न करना उचित ही है। अतः हमें इस समस्या पर गंभीरता से विचार करना होगा।

तुलसी की सौंदर्य-चेतना पर विचार करने से पहले सौंदर्य-चेतना के स्वरूप का विश्लेषण करना उपयोगी होगा। सौंदर्य-चेतना एक मिश्र अथवा संश्लिष्ट अनुभूति है जिसमें ऐंद्रिय संवेदन, भाव-तत्त्व, कल्पना-तत्त्व तथा बुद्धि-तत्त्व का समाहार रहता है। ऐंद्रिय संवेदन का आधार है नाद-सौंदर्य जो वर्ण-मैत्री और लय-योजना पर निर्भर करता है। तुलसी के काव्य में नाद-सौंदर्य की अपूर्व समृद्धि और विस्तार-वैविध्य मिलता है। नहछू, जानकी-मंगल और पार्वती-मंगल जैसी आरंभिक रचनाओं में वर्ण-योजना ऋजु-सरल और कोमल है, रामचरित मानस और कवितावली में सरल-कोमल और संश्लिष्ट पदयोजना का अद्भुत सामंजस्य मिलता है और विनयपत्रिका की भाषिक संरचना में, उसकी गुरु-गंभीर दार्शनिक विषय-वस्तु के अनुरूप, सघनता और गाढ़बंध पदावली का प्राधान्य है। तुलसी का काव्य नाना प्रकार की लय संयोजनाओं का अनंत भंडार है जिसके कारण उनके पद शताब्दियों से संगीतकारों में अत्यंत लोकप्रिय रहे हैं और आज भी हैं। आज भी साहित्य-गोष्ठियों का शुभारंभ तुलसी के पदों से ही होता है और 'श्री रामचंद्र कृपालु भज मन' को सुन कर आधुनिक से आधुनिक श्रोता भी झूम कर ताल देने लगता है।

आज का पाठक यदि प्रादेशिक उपभाषा की सीमाओं को पार कर लेता है तो वह यह देखकर आश्चर्यचकित हो जाएगा कि अपनी माध्यम-भाषा पर तुलसीदास का अधिकार कितना व्यापक और निर्बाध है। एक ओर नहछू की सरल-सुगम

लोक-भाषा है तो दूसरी ओर विनयपत्रिका के स्तोत्रों में संस्कृतबहुल विकटाक्षरबंध, सघन समस्त पदावली का नाद-प्रभाव द्रष्टव्य है। अकेले रामचरित मानस में ही आप देखें—भावपरक संवेदनशील प्रसंगों में जहाँ ललित-कोमल-पद-रचना का मोहक सौंदर्य मिलता है, वहाँ युद्ध के वर्णन में उतने ही सहज रूप में महाप्राण अक्षरों और कठोर वर्णों से ऊर्जस्वित परुषा-वृत्ति का सघोष प्रयोग है। ग्राम्य-जन की भाषा सहज-सरल और निर्व्याज है जबकि कुलीन पात्र शिष्ट प्रयोगों से युक्त संभ्रांत भाषा का व्यवहार करते हैं। और उधर, दार्शनिक संवादों की भाषा पारिभाषिक शब्दावली के प्रयोग से अनायास ही जटिल बन गई है।

इसी प्रकार छंद-योजना में भी तुलसीदास ने अपूर्व कौशल का परिचय दिया है। मानस में छंद का प्रवाह प्रसंग के अनुरूप कहीं तरल-चटुल गति से, कहीं गंभीर नद की तरह बहता चलता है और एक निश्चित पंक्ति-बंध के बाद प्रस्तुत दोहा या अन्य छंद वृत्त-वर्णन को गति और दिशा देने में सहायक होता है। एक ओर लोक-छंदों और लोक-गीतों और दूसरी ओर राज-दरबार में प्रस्तुत वाग्मी छंदों का कुशल प्रयोग करने में वे पूर्णतः दक्ष हैं।

तुलसीदास ने अपने युग में प्रचलित सभी शैलियों का समान अधिकार के साथ प्रयोग किया है—नीति-काव्य की मुक्तक दोहा-शैली, संत-काव्य की पद-शैली, सूफी-काव्य की चौपाई-दोहा शैली और दरबारी कवियों की कवित्त-सवैया शैली—सभी की छटा उनकी रचनाओं में पूरे कलात्मक सौंदर्य के साथ मिलती है।

तुलसीदास की बिंब-योजना का क्षेत्र भी अत्यंत व्यापक है। बिंबावली का ऐसा अपार वैविध्य मध्यकाल के किसी कवि की रचनाओं में नहीं मिलता—सूरदास के काव्य में भी नहीं। कृषक-जीवन, ग्रामीण और नागरिक जीवन, राज-दरबार, धार्मिक संस्थान, दर्शनशास्त्र, ललित काव्य, पुराण-साहित्य और लोक-साहित्य—सभी से उन्होंने अपने बिंबों का चयन किया है। सामान्यतः उनके बिंब सरल और स्पष्ट होते हैं किंतु यथाप्रसंग जटिल और संश्लिष्ट बिंबों की योजना में भी वे उतने ही सिद्धहस्त हैं।

इस संदर्भ में मानस में प्रयुक्त दो बिम्बों का विश्लेषण कर अपने मंतव्य को पुष्ट करना चाहूँगा। सीता के रूप-वर्णन में कवि ने थोड़े से ही अंतराल से दो बिंब प्रस्तुत किए हैं :

(1) सुंदरता कहँ सुंदर करही।
छबि-गृह दीपसिखा जनु बरही।।

(2) जो छबि-सुधा-पयोनिधि होई।।
परम रूपमय कच्छप सोई।।

सोभा रज्जु, मन्दर सिंगारू—
मथहि पाति-पंकज निज मारू।

एहि विधि उपजहि लक्ष्मि जब सुंदरता-सुख-मूल।
तदपि सकोच-समेत कवि कहहिं सीय सम तूल।।

इनमें पहला सरल बिंब का उदाहरण है और दूसरा संश्लिष्ट बिंब का।

पहले उद्धरण में सुंदरता के दो अर्थ हो सकते हैं : अमूर्त कल्पना रूप सामान्य सौंदर्य और जनक के उपवन का सौंदर्य। पहले अर्थ को ग्रहण करने पर आशय यह होगा कि सीता का सौंदर्य स्वयं सौंदर्य को भी (अतिरिक्त) सुंदरता प्रदान कर रहा था। इस व्याख्या में आलंकारिक ऊहा का चमत्कार है। दूसरा अर्थ अधिक मूर्त और स्पष्ट है : सीता के सौंदर्य के प्रभाव से उपवन का सौंदर्य और भी अधिक भास्वर हो रहा था—इससे पूर्व भी कवि ने कुछ इसी तरह का भाव व्यक्त किया है : "करत प्रकास फिरहि फुलवाही" यह सामान्य कथन मात्र है जिसे रूपायित करने के लिए दूसरी पंक्ति में उपमा के माध्यम से एक अत्यंत प्रभावी बिंब का प्रयोग किया है : "छबि-गृह दीपसिखा जनु बरही"—अर्थात् (मानों) चित्रशाला में (सहसा) दीपशिखा प्रज्वलित हो गयी हो—इस प्रकार पूरी अर्धाली का अर्थ यह हुआ : उपवन के रंग-रंजित दृश्य सीता के रूप की आभा से इस प्रकार जगमग हो उठे थे, जैसे चित्रशाला के चित्र दीपशिखा के प्रकाश से जगमग हो उठते हैं।

यह बिंब एकल और सरल है जो तत्काल सहृदय की कल्पना को अनुरंजित कर देता है।

दूसरा उदाहरण संश्लिष्ट बिंब का है जिसका निर्माण कई-एक लघुतर बिंब-घटकों के योग से हुआ है। पहला घटक है सौंदर्य-सुधा का समुद्र, दूसरा है रूप का कच्छप, तीसरा श्रृंगार-रूपी मंदराचल और चौथा घटक है शोभा की रज्जु—अर्थात् रूप के प्रतीक कच्छप की पीठ पर स्थित मंदराचल को मथैनी बनाकर, यदि कामदेव स्वयं शोभा के रज्जु से सौंदर्य-सुधा के समुद्र का मंथन करें और उससे यदि लक्ष्मी का आविर्भाव हो, तब भी (विवेकशील) कवि अत्यंत संकोच के साथ ही उसे सीता के समतुल्य कह सकेंगे। समुद्र-मंथन का यह मिथक-बिंब अपने आप में पूर्ण है। यद्यपि कवि की ललित कल्पना ने इस प्रकार के शत-शत बिंब यथाप्रसंग प्रस्तुत किये हैं, किंतु उसकी वृत्ति सरल बिंबों के निर्माण में ही अधिक रमी है और वे ही पाठक-समाज को अधिक ग्राह्य हैं।

खंडित बिंबों की रचना उनके समेकित व्यक्तित्व के अनुकूल नहीं थी। उनके संपूर्ण वाङ्मय में एक भी खंडित चित्र नहीं मिलता। वास्तव में सगुण-कल्पना ही एक विराट् बिंब-योजना का अनुष्ठान है। अमूर्त ब्रह्म तत्त्व को रूप-गुण-संपन्न

मानव-व्यक्तित्व में मूर्तित करना अपने आप में एक विराट् बिंब-योजना है और तुलसी का संपूर्ण काव्य इसी बिंब-योजना की अनवरत साधना का परिणाम है।

तुलसी के कर्तृत्त्व का एक विशेष गुण जो आधुनिक साहित्य-मर्मी को आकृष्ट कर सकता है, वह है काव्य-शिल्प के प्रति उनका परंपरा-भिन्न दृष्टिकोण। उनके सामने संस्कृत महाकाव्य की अभिजात परंपरा थी, किंतु उन्होंने उसका अनुसरण करना श्रेयस्कर नहीं समझा। उधर प्राकृत-अपभ्रंश के चरित-काव्यों और मसनवी शैली में रचित प्रेमगाथा-काव्यों की परंपरा भी उन्हें रिक्थ में प्राप्त थी। इसमें संदेह नहीं कि इन दोनों का प्रभाव मानस के रूप-बंध पर एक सीमा तक पड़ा है, किंतु पुराण-शैली के अनुरूप वक्ता-श्रोता के चार युग्मों द्वारा वर्णित कथा-सूत्रों के संयोजन से प्रबंध-विधान को एक नया रूप देकर कवि ने अपनी मौलिक उद्भावना क्षमता का परिचय दिया है। रामचरितमानस का प्रबंध-विधान न अभिजात महाकाव्यों की परंपरा में आता है, न चरित-काव्यों तथा प्रेमगाथा-काव्यों की परंपरा में और न वह पुराण-शैली का ही अनुगमन करता है। यह भारतीय प्रबंध-विधान के अंतर्गत एक नवीन प्रयोग है। उधर विनय की पदावली को, पूरे अलकाब-आदाब के साथ दरबारी याचिका के प्रारूप में ढाल कर पद-शैली का एक नया प्रयोग प्रस्तुत किया गया है। इस प्रकार भाषिक संरचना, छंद-विधान, बिंब-योजना, रूपबंध—सभी क्षेत्रों में तुलसीदास ने अभिजात तथा लोक काव्य-रूपों—परंपरा और प्रयोग के बीच अपूर्व समन्वय कर अपनी उद्भावना-क्षमता का प्रमाण प्रस्तुत किया है जिसका निषेध वर्तमान अथवा किसी भी युग का सहृदय पाठक नहीं कर सकता।

इस संदर्भ में एक अन्य महत्त्वपूर्ण प्रश्न है—तुलसी-काव्य की भाव-संवेदना—पारिभाषिक शब्दावली में रागात्मक संवेदना की सार्थकता का विचार। तुलसी मूलतः प्रबंधकार हैं, रामचरितमानस तो महाकाव्य है ही, गीतावली और कवितावली में भी संपूर्ण रामकथा का स्पष्ट आधार है। अतः उनका भावक्षेत्र अत्यंत विस्तृत है और उनके काव्य में मानव-जीवन की विविध अनुभूतियों का अनंत भंडार मिलता है। किंतु ये सभी मनोवेग एक आंतरिक नैतिक चेतना से अनुशासित हैं—जो इन्हें विशेष प्रकार की सात्विक गरिमा से मंडित कर देती है। मानव-चेतना की पवित्रता में उनका अनिवार्य विश्वास, जिसका पूर्ण विकास उनके चरितनायक में प्रतिफलित है, जीवन के विविध प्रसंगों की अभिव्यक्ति में, हीनतर तत्त्वों का परिशोधन कर देता है। प्रेम का चित्रण हो या शौर्य का, शोक का या क्रोध का, विनय का या पश्चात्ताप का—सभी में एक विशेष प्रकार का परिष्कार मिलता है।

तुलसीदास की भाव-संवेदना के एक-दो उदाहरण इस संदर्भ में द्रष्टव्य हैं :

स्वयंवर-पूर्व का प्रसंग है। राम का दर्शन कर सीता का मन, उनके प्रति

समर्पित हो गया, किंतु जन्मजात आभिजात्य और स्वभावजात शील-संस्कारों के कारण अपनी भावना की मुखर अभिव्यक्ति उनकी मर्यादा के विरुद्ध थी। अतः पार्वती के मंदिर में जाकर वे केवल इतना ही निवेदन करती हैं :

मोर मनोरथ जानहु नीके।
बसहु सदा उर-पुर सबही के।।
कीन्हे प्रगट न कारन तोही।
अस कहि चरन गहे बैदेही।।

कहने की आवश्यकता नहीं कि सीता की यह मौन प्रार्थना मुखर अभिव्यक्ति की अपेक्षा कहीं अधिक व्यंजक है—'अस कहि चरन गहे बैदेही' से यह और अधिक मार्मिक हो जाती है। भाव-व्यंजना की दृष्टि से इन निराभरण पंक्तियों का सहज सौंदर्य अत्यंत हृदय-ग्राही है। इसके विपरीत पद्मावत का एक अन्य उद्धरण लीजिए। प्रसंग वही है—विवाह से पूर्व वर-याचना के लिए देव-पूजन। परंतु पद्मावती की भाषा भिन्न है :

और सहेली सबहिं बियाहीं।
हमको देव कतहु बर नाहीं।।

जायसी प्रेम-काव्य के अद्वितीय कवि हैं—किंतु संस्कार-भेद से याचना की भाषा में भेद आ गया है।

अब मानव-मन की संवेदना की एक सहज-स्निग्ध अभिव्यक्ति पर विचार करें :

कैकेयी जौलों जियति रही।
तौलों बात मातु सौ मुँह भरी भरत न भूलि कही।
मानी राम अधिक जननी सों, जननिहु गस न गही।।

माता के दुर्व्यवहार के कारण भरत का मन ग्लानि से इतना भर गया था कि जीवन-भर उन्होंने माता से मुक्त हृदय से—सहज भाव से बात नहीं की। किंतु राम का हृदय भरत के इस व्यवहार को सहन न कर सका और इसकी क्षतिपूर्ति करने के लिए, रामचंद्र उन्हें अपनी माता कौशल्या से भी अधिक स्नेह-सम्मान प्रदान करते हैं। यहाँ यह संदेह हो सकता था कि कहीं कौशल्या की भावनाएँ इससे आहत न हों। किंतु कवि सतर्क होकर तत्काल ही उसका समाधान कर देता है—'जननिहु गस न गही।'—अर्थात् माता कौशल्या ने भी राम के इस व्यवहार को अन्यथा नहीं समझा।

यहाँ आप देखें कि कवि की दृष्टि एक ओर मानवीय संवेदना और दूसरी ओर

शील-सौजन्य तथा औचित्य-निर्वाह के प्रति कितनी सजग है। वह भरत, रामचंद्र, कैकेयी और कौशल्या—सभी की भावनाओं के प्रति न्याय करती हुई, रागात्मक वृत्तियों के इस चक्र को सर्वथा सहज भाव से पूरा कर देती है। इस प्रकार कवि की भावुकता मानव-मन की सामान्य प्रतिक्रियाओं को भी शील तथा औचित्य की भावनाओं से सम्पृक्त कर अत्यंत मार्मिक रूप प्रदान कर देती है। राम के परवर्ती जीवन का यह एक सामान्य प्रसंग है जिसमें न तो तीव्र अथवा प्रबल मनोवेगों का उद्वेलन है और न किसी प्रकार का वाग्वैदग्ध्य। अतः काव्य-कला के पारखी पाठक की दृष्टि इसकी सहज ही उपेक्षा कर जाती है—किंतु एक क्षण के लिए विचार करने पर इसकी मानवीय संवेदना के स्तर अनायास ही खुल जाते हैं।

तुलसी के काव्य में अभिव्यक्त कुछ भावनाएँ ऐसी हो सकती हैं जिनका आस्वादन करने या सहभोक्ता बनने में आधुनिक पाठकों का एक वर्ग कठिनाई का अनुभव कर सकता है। सबसे पहले तुलसीकाव्य की मूल-भावना भक्ति का प्रश्न ही सामने आता है। परंतु इस भक्ति-भावना के स्वरूप का विश्लेषण करने पर समस्या इतनी जटिल नहीं रहती। यह भक्ति किसी विरक्त साधु की एकांत-साधना न होकर लोक-कल्याण की भूमिका पर अवस्थित भावयोग है। यह ऐसे इष्ट के प्रति अर्पित है जो जीवन के उदात्त मूल्यों का विग्रह है। अतः राम के प्रति निष्ठा प्रकारांतर से जीवन के भव्यतर मूल्यों के प्रति निष्ठा है जिसकी अनुभूति किस सहृदय पाठक के लिए प्रीतिकर नहीं होगी ?

इसके अतिरिक्त तुलसी के काव्य में मानव-जीवन के विविध मनोवेगों का प्रभावी चित्रण तो सहृदय मात्र के आस्वादन का विषय है ही, राम के चरित्र की गरिमा, भरत का त्याग और निस्पृह भ्रातृप्रेम, अन्याय और अनीति के प्रति लक्ष्मण का आक्रोश, हनुमान का अपूर्व शौर्य और निर्व्याज समर्पण, सीता का पातिव्रत और रावण का दुर्दम अहंकार—मानव जीवन के इन मौलिक मनोवेगों का प्रभाव देशकाल की सीमा में परिबद्ध नहीं हो सकता। इस प्रकार कालजयी कवियों के समान तुलसी का विराट् और कोमल, उदात्त और मधुर सभी चित्तवृत्तियों पर एकरस अधिकार है। उत्तम कविता वैयक्तिक अनुभूतियों को निर्वैयक्तिक रूप प्रदान करती है और कालजयी कविता उन्हें सार्वभौम रूप में प्रतिष्ठित कर देती है—जिनका प्रभाव जातीय, सामाजिक तथा नैतिक पूर्वाग्रहों से मुक्त होता है।

नैतिक-सामाजिक एवं सांस्कृतिक दृष्टि से

[तुलसी-काव्य की सार्थकता]

तुलसीदास की नैतिक मूल्यों में अटूट आस्था है और वे ऐसे काव्य की ही अनुशंसा करते हैं जो सबके लिए कल्याणकारी हो। उनकी भक्ति के आलंबन मर्यादा-पुरुषोत्तम राम हैं जो जीवन के सर्वोच्च नैतिक मूल्यों के प्रतीक हैं। जो यह मानकर चलते हैं कि रूढ़ियों से मुक्त नैतिक मूल्य अपने मौलिक रूप में शाश्वत होते हैं, उनके लिए तो देशकाल के संदर्भ में तुलसी-काव्य में प्रतिपादित और प्रतिफलित शुद्ध नैतिक मूल्यों की समीक्षा का प्रश्न ही नहीं उठता। कवि ने सर्वत्र आचरण के उन सभी गुणों का स्तवन किया है जो मानव-जीवन के आध्यात्मिक और ऐहिक अभ्युदय के साधक हैं। अपने संपूर्ण काव्य में उन्होंने सत्य, निष्ठा, धृति, उदारता, दया-दाक्षिण्य, श्रद्धा, विनय, अहिंसा, शील-शालीनता, शौर्य, निर्भयता, न्याय वृत्ति, दांपत्य-जीवन की पवित्रता–आदि सद्‌गुणों का विविध प्रसंगों में और विविध रूपों में प्रतिपादन किया है। कतिपय अतिवादियों को छोड़कर जो शायद जीवन-प्रक्रिया को ही असंगत मानते हैं, कोई भी विवेकशील आधुनिक विचारक वर्तमान जीवन में उपर्युक्त नैतिक गुणों की सार्थकता का निषेध नहीं कर सकता। वास्तव में, जब तक मानव जीवन के प्रति आस्थावान है तब तक वह मन, वचन और कर्म की उन मर्यादाओं की उपेक्षा नहीं कर सकता जो जीवन के संरक्षण और उत्कर्ष के लिए आवश्यक हैं। जीवन के अस्तित्व की तरह, उसके अस्तित्व के साधक गुण भी देशकाल-सापेक्ष नहीं हैं। तुलसीदास ने निर्विकल्प भाव से इन गुणों के प्रति आग्रह व्यक्त किया है : कहीं-कहीं उनका दृष्टिकोण कुछ अधिक कठोर हो गया है, किंतु उसे अनासक्त संत की सहज सीमा मान लेना चाहिए।

तुलसीदास के संदेश का केंद्र है आस्तिक बुद्धि। उनकी सर्वश्रेष्ठ रचना का वस्तु-विकास इसी केंद्रबिंदु से आरंभ होकर यहीं समाप्त होता है। जैसा कि अन्यत्र उल्लेख किया जा चुका है, मानस की कथा का प्रस्ताव वक्ता-श्रोता के चार युग्मों के माध्यम से होता है : इनमें श्रोता प्रश्न करता है और वक्ता उसका समाधान–इनमें सर्वप्रमुख प्रश्नकर्ता अथवा संदेह की प्रवक्ता हैं भगवान् शंकर की सहधर्मिणी सती। उन्हें अंत में आत्मदाह के द्वारा उसका मूल्य चुकाना पड़ता है और उनकी मुक्ति तभी होती है जब वे पार्वती के रूप में जन्म लेकर अपने जन्मदाता पर्वत के समान अविचल आस्था के द्वारा भगवान् शिव का अनुग्रह प्राप्त कर लेती हैं। सती प्रश्न अथवा संशय हैं और पर्वतकन्या पार्वती उसका समाधान। इस प्रकार सती-पार्वती का यह मिथक तुलसी काव्य के संदेश का मूल मंत्र है।

आधुनिक युग संदेह का युग होने का दावा करता है, किंतु वह संदेह को

तो जीवन का अंतिम सत्य नहीं मानता—नहीं मान सकता। संदेह से तो वह 'अस्तित्व' के रहस्य—मानव-जीवन को समेकित करने वाले तत्त्व का संधान करने की प्रेरणा प्राप्त करता है—और प्रत्येक क्षेत्र में, चाहे वह विज्ञान हो या दर्शन, मनोविज्ञान हो या समाजशास्त्र, इसी मौलिक तत्त्व की तलाश का अनवरत प्रयास चल रहा है।

तुलसीदास का भी यही लक्ष्य रहा है : उन्होंने दर्शन और तर्कशास्त्र के समस्त युक्ति-प्रमाणों के द्वारा विश्वसत्ता के इसी मौलिक तत्त्व का संधान किया है (जो उनके मत से) मध्यकालीन मानव समाज के लिए भक्ति था। आधुनिक मनुष्य के लिए वह आस्था अथवा आस्तिक बुद्धि है। तुलसीदास को स्वयं इसके लिए आध्यात्मिक द्वंद्व में होकर गुज़रना पड़ा था। बुद्धि के स्तर पर वे अद्वैत-प्रतिपादित निर्गुण ब्रह्म की सत्ता को ही स्वीकार करते थे, किंतु हृदय के स्तर पर सगुण ब्रह्म की भावना से ही उनकी आत्मा का परिबोध हो सकता था। निर्गुण और सगुण ब्रह्म की धारणाओं को समाहित करने में कवि को कितना कठिन अभ्यास करना पड़ा था, इसका प्रमाण मानस के उत्तरकांड और विनयपत्रिका के अनेक पदों में मिलता है। मानव-चेतना की दो मूल वृत्तियों—ज्ञानवृत्ति और भाववृत्ति में निरंतर द्वंद्व चलता रहा है, और प्रत्येक युग का व्यवहारदर्शी विचारक कर्मवृत्ति—आचार्य शुक्ल के शब्दों में लोकधर्म में दोनों को प्रवर्तित कर इस द्वंद्व का समाधान करता रहा है। तुलसीदास के काव्य का भी यही उपनिषद् है। उनके युग की सबसे ज्वलंत समस्या यही थी और एक सामयिक समस्या का सार्वभौम समाधान प्रस्तुत कर तुलसीदास ने विश्व-कवि के धर्म का निर्वाह किया है—इसमें संदेह नहीं।

आधुनिक युग में सबसे अधिक प्रहार तुलसी की सामाजिक विचारधारा पर हुए हैं। उनके विरुद्ध आधुनिक बुद्धिजीवियों के तीन प्रमुख आरोप हैं :

(1) वर्णव्यवस्था के समर्थक होने के कारण उन्होंने ब्राह्मणों की स्तुति और शूद्रों की निंदा की है—व्यक्ति के स्तर पर नहीं, वर्ण के स्तर पर।

(2) नारी के प्रति उनका दृष्टिकोण अनुदार रहा है।

(3) उन्होंने सामंतीय मूल्यों का प्रचार किया है।

उनकी अपनी भक्ति-पद्धति-दास्य-भक्ति ही सामंतीय भावना की प्रतीक है। उन्होंने अत्यंत आग्रह के साथ राजा को देश का सर्वप्रभुत्व-संपन्न नियंता माना है, जिसके प्रति पूर्णतः निष्ठावान होना प्रजा का कर्तव्य है। इसी प्रकार उन्होंने पुरोहित-प्रथा का प्रबल रूप में समर्थन किया है, जिसके अंतर्गत धर्मगुरु को ही सामाजिक आचरण का शास्ता माना गया है।

इन आरोपों का एकदम निषेध कर देना न तो सरल होगा और न उचित ही। किंतु सबका धैर्यपूर्वक और विवेकसम्मत विश्लेषण करने से स्थिति अधिक स्पष्ट हो सकेगी। संयोग से तुलसीदास को शताब्दियों तक नीति-निर्देशक के रूप

में मान्यता प्राप्त होती रही है। इसी अर्थ में पाश्चात्य समीक्षकों ने मानस की तुलना बाइबिल से की है। इस श्रद्धा और मान्यता का मूल्य कवि को चुकाना पड़ा है। मैं एक क्षण के लिए भी काव्य के नैतिक-सामाजिक महत्त्व का अवमूल्यन नहीं करना चाहता। वास्तव में किसी कलाकृति का मूल्यांकन, कलात्मक सौंदर्य के अतिरिक्त उसमें निहित भव्यतर जीवन-मूल्यों पर ही अंततः निर्भर करता है। किंतु, फिर भी, काव्यकृति आचारग्रंथ नहीं है—इस अर्थ में कि उसमें जीवन-मूल्यों का कथन न होकर व्यंजना ही होती है। नाटक अथवा प्रबंधकाव्य के प्रसंग में समस्या और भी जटिल हो जाती है क्योंकि यहाँ प्रत्येक पात्र के अपने विचार और भाषा होती है। इसीलिए किसी कलाकृति के मूल अर्थ का निर्णय संदर्भ के अनुसार अर्थात् वक्ता, बोधव्य और परिस्थिति के संदर्भ में ही करना चाहिए। इसी दृष्टि से संस्कृत के आचार्यों ने काव्य के व्यंग्यार्थ को अर्थात् काव्य द्वारा समग्र रूप में व्यंजित अर्थ को ही प्रमाण माना है।

काव्य-समीक्षा की इस पद्धति का अवलंबन करने से तुलसी-काव्य में प्रयुक्त अधिकांश उक्तियों का दोष-प्रक्षालन हो जाता है। उनमें से कुछ का प्रयोग असत्पात्रों द्वारा हुआ है, कुछ का लक्ष्य असत्पात्र है, और कुछ आवेश के उद्‌गार हैं। उदाहरण के लिए :

नारि सुभाउ सत्य कवि कहहीं।
अवगुन आठ सदा उर रहहीं।।

यह उक्ति रावण की है और :

भ्राता, पिता, पुत्र उरगारी।
पुरुष मनोहर निरखत नारी।।
होइ विकल मन सकंहि न रोकी।
जिमि रविमनि द्रव रविहि बिलोकी।।

का लक्ष्य शूर्पणखा का जघन्य आचरण है। भरत जैसा साधु पुरुष जब कह उठता है :

विधिहुँ न नारि हृदय गति जानी।
सकल कपट अघ अवगुन खानी।।

तो इसे माता के क्रूर व्यवहार से व्यथित मन का चीत्कार ही मानना चाहिए। वर्णभेद की चेतना से अपने संस्कारों के कारण तुलसीदास सर्वथा मुक्त नहीं थे और सात्विक ब्राह्मण-वर्ग के प्रति थोड़ा-बहुत पक्षपात उनके मन में हो सकता है, किंतु जिस निर्ममता से उन्होंने परशुराम और नारद का उपहास किया है, रावण का अपकर्ष

दिखाया है और अपने समय में ब्राह्मण जाति के अधःपतन का वर्णन किया है, वह क्या तुलसीदास को उपर्युक्त आरोप से मुक्त करने के लिए पर्याप्त नहीं है ? रामकथा से शंबूक-प्रसंग का एकांत बहिष्कार इस बात का प्रमाण है कि वे यह नहीं मानते थे कि शूद्र को तपस्या करने का अधिकार नहीं मिलना चाहिए—वरन् इसके विपरीत उन्होंने स्पष्ट शब्दों में निम्न से निम्न वर्ण के व्यक्ति को भक्ति का अधिकारी माना है :

श्वपच, शबर, खस, यवन, जड़, पामर कोल किरात।
राम कहत पावन परम होत भुवन विख्यात।

अतः तुलसी काव्य की प्रासंगिकता का निर्णय उसके समग्र अर्थ-विधान के आधार पर करना चाहिए। समग्र रूप में विचार करने से यह स्पष्ट हो जाता है कि वे सभी धर्मों तथा जातियों के संगठन पर आश्रित सामाजिक संरचना और प्रेम तथा कर्तव्य पर स्थित परिवार-व्यवस्था में विश्वास करते थे, दीन-दुखी और दलित वर्ग के प्रति उनके मन में पूर्ण सहानुभूति थी, कल्याणकारी राज्यतंत्र और सामाजिक न्यायनीति के प्रबल समर्थक और शोषण के सर्वथा विरुद्ध थे। उचित रीति से, बिना किसी पूर्वग्रह के, तुलसी के संपूर्ण वाङ्मय का अध्ययन करने पर ये ही निष्कर्ष प्राप्त होते हैं—और यह मानने का कोई कारण नहीं है कि आज के युग में या किसी भी युग में उनकी सार्थकता निःशेष हो सकती है।

वास्तव में, जैसा कि मैंने अन्यत्र कहा है, सार्थकता या प्रासंगिकता के दो स्तर हैं : सामयिक और मौलिक। प्रबुद्ध चिंतक सामयिक स्तर पर अपने देशकाल विशेष के संदर्भ में किसी काव्य की सार्थकता का विचार करता है और मौलिक या तात्त्विक स्तर पर वह उन चिरंतन मूल्यों के आधार पर इसका निर्णय करता है जो देश काल-निरपेक्ष हैं—अर्थात् जो एक देश और युग तक सीमित न रहकर सदैव ही मानव-कल्याण के साधक होते हैं।

आधुनिक युग में सामयिक दृष्टि से सर्वाधिक सार्थक है तुलसी की लोक-भावना, जिसका व्याख्यान आचार्य रामचंद्र शुक्ल ने, आधुनिक चिंताधारा से प्रेरित होकर, अत्यंत आग्रह के साथ किया है। यह लोक-भावना जिसे आचार्य की परंपरानिष्ठ प्रगतिवादी समीक्षा-दृष्टि ने 'लोकधर्म' की संज्ञा दी है, (उन्हीं के शब्दों में) तुलसी का समाजवाद है। मानस में प्रतिपादित, आधुनिक भारत के राष्ट्रपिता महात्मा गांधी द्वारा प्रस्तावित, रामराज्य का यही आधुनिक आख्यान है।

धर्म के क्षेत्र में तुलसीदास ने लोकनिष्ठ मर्यादा-भक्ति की प्रतिष्ठा कर भारतीय धर्म-दर्शन और संस्कृति के परिज्ञान का एक महत्त्वपूर्ण प्रतिमान प्रस्तुत किया है। तुलसीदास के युग में बंगाल के चैतन्य महाप्रभु द्वारा प्रवाहित मधुरा-भक्ति की धारा उड़ीसा आदि पूर्वांचलीय प्रदेशों को पार करती हुई हिंदी-क्षेत्र

में भी उमड़ती आ रही थी। यह ऐकांतिक गुह्य धर्मसाधना समाज-निरपेक्ष ही नहीं असामाजिक भी थी। तुलसीदास ने इसके स्थान पर मर्यादा-भक्ति की प्रतिष्ठा की और भक्ति के आलंबन में नैतिक-सामाजिक मूल्यों का समावेश कर धर्म की मूर्ति को मंदिरों और मठों के गुह्य कक्षों से बाहर निकालकर व्यापक समाज के केंद्र में स्थापित कर दिया। भारत में नवजागरण युग के पुरोधाओं ने इसी रूप को ग्रहण कर उसका प्रचार किया और आज के आस्तिक समाज के लिए उसका यही रूप ग्राह्य हो सकता है।

तुलसीदास द्वारा समर्थित वर्णाश्रम धर्म का भी सामाजिक महत्त्व कम नहीं है। उनके अपने युग में धर्म और संस्कृति के क्षेत्र में असंख्य पंथों और तरह-तरह की निरंकुश विचारधाराओं के आविर्भाव के कारण एक प्रकार की अराजकता फैल गई थी। तुलसीदास ने लोक-वेद प्रतिपादित वर्णाश्रम धर्म के प्रति आग्रह व्यक्त कर उसका ही निराकरण करने का प्रयास किया है। वास्तव में अपने मौलिक रूप में वर्णव्यवस्था सामाजिक जीवन और आश्रम-व्यवस्था व्यक्ति जीवन के संगठन के सुदृढ़ आधार हैं।

भौतिक स्तर पर तुलसी-काव्य की सार्थकता का आधार है—विश्व की नियामक सत्ता और उसके द्वारा अनुशासित जीवन के प्रति आस्था। राम के प्रति उनकी भक्ति, जो आसुरी शक्तियों—मनोविज्ञान के स्तर पर आसुरी वृत्तियों का विनाश कर मर्यादापूर्ण जीवन का संरक्षण करती है, इसी उभयनिष्ठ आस्था का प्रतीक है।

तुलसी के काव्य में अंतर्व्याप्त दूसरा मौलिक तत्त्व है—समन्वय-भावना। जीवन के प्रति समन्वित दृष्टिकोण ऐहिक और आत्मिक दोनों प्रकार की सुख-शांति के लिए आवश्यक है। आत्मिक स्तर पर चेतना की समन्विति ही आत्मविश्रांति है, और ऐहिक स्तर पर भावना तथा बुद्धि का समन्वय ही जीवन की सफलता का आधार है। तुलसीदास ने आध्यात्मिक स्तर पर ज्ञान और भक्ति का, दार्शनिक स्तर पर निर्गुण और सगुण कल्पना का, और नैतिक स्तर पर शील और शक्ति का समन्वय कर इसी सत्य को रेखांकित किया है। काव्य के क्षेत्र में चिरकाल से प्रचलित श्रेय और प्रेय के द्वंद्व का उन्होंने मानस के मंगल-श्लोक में बड़े ही सुन्दर ढंग से समन्वय किया है :

वर्णानामर्थसंघानां रसानां छन्दसामपि।
मंगलानाम् च कर्त्तारौ वन्दे वाणी विनायकौ।

यहाँ उन्होंने काव्य के सौंदर्य (रस और भाषा-शिल्प) की अधिष्ठात्री देवी सरस्वती और उसके मांगलिक रूप के प्रतीक गणेश की युगपद् वंदना कर सौंदर्यवादी और कल्याणवादी मूल्यों में सहज सामंजस्य स्थापित कर दिया है।

भौतिक अथवा तात्त्विक स्तर पर तुलसी-काव्य का एक अन्य प्रतिपाद्य विषय है आस्तिक मानववाद, जिसकी सार्थकता आधुनिक युग की त्रस्त मानवता के लिए अनिवार्य है। तुलसीदास ने अनेक प्रसंगों में मानव-जीवन को अनन्त पुण्यों का फल माना है। किंतु मानव उनके लिए जैविक सत्ता मात्र नहीं है : वह सर्वत्र व्याप्त चित् तत्त्व से अनुप्राणित चेतन सत्ता है। सर्वत्र व्याप्त यह चित् तत्त्व ही मानव-एकता का मूल आधार है। महात्मा गांधी ने भी 'ईश्वरैक्य भावना से अनुप्राणित मानवैक्य की भावना' में ही विश्वास व्यक्त किया है। वास्तव में, आस्तिक बुद्धि के अभाव में मानववाद का सिद्धांत स्थिर नहीं रह पाता। वर्तमान युग आस्तिक भावना से विरहित मानववाद की इसी अपूर्ण अवधारणा के कारण संकट-ग्रस्त है।

उपसंहार

अब तक मैंने एक प्रकार से साध्य-साधना का ही प्रयत्न किया है—अर्थात् एक ऐसे तथ्य को सिद्ध करने का प्रयत्न किया है जो स्वयंसिद्ध है। शताब्दियों से संपूर्ण भारत के असंख्य जनसमुदाय और विदेश के अनेक मर्मज्ञों द्वारा अनुशंसित तुलसी का काव्य कालजयी काव्य के रूप में स्वीकृत हो चुका है, और कालजयी काव्य का यह लक्षण है कि उसकी सार्थकता देशकाल की सीमाओं को पार कर जाती है। अतः अतीत, वर्तमान और भविष्य के संदर्भ में उसका परिसीमन नहीं कर सकते।

आवश्यकता इस बात की है कि काव्य का मूल्यांकन सही परिप्रेक्ष्य में और सही प्रतिमानों के द्वारा किया जाना चाहिए। अपने मंतव्य को स्पष्ट करने के लिए मैं एक बार उन्हें फिर रेखांकित करना चाहूँगा :

काव्य को आचार-संहिता मानने की भूल नहीं करनी चाहिए। इस दृष्टि से न तो रामचरित मानस बाइबिल के समान धर्मग्रंथ है, और न तुलसीदास मनु के समान नीति-विधायक। काव्य-कृति के उचित मूल्यांकन के लिए उसकी दो स्तरों पर परीक्षा करनी चाहिए : कला अथवा सौंदर्य-तत्त्व के आधार पर और जीवन के उदात्त मूल्यों के आधार पर। पहले चक्र में यह निश्चय किया जाता है कि वह काव्य है और दूसरे चक्र में यह निर्णय होता है कि वह महान् काव्य है।

काव्यार्थ वाच्य न होकर व्यंग्य ही होता है। कवि भाषा के कल्पनात्मक प्रयोग द्वारा उसकी व्यंजना करता है, कथन नहीं। प्रबंध-काव्य में स्थिति और जटिल हो जाती है—जहाँ भिन्न-भिन्न पात्र, अपनी-अपनी अलग भाषा बोलते हैं और स्वयं कवि

को भी प्रसंग के अनुसार प्रतिक्रिया व्यक्त करनी होती है। अतः प्रबंध-काव्य का नैतिक संदेश पात्रों की—यहाँ तक कि स्वयं कवि की—प्रकीर्ण उक्तियों में निहित न होकर संपूर्ण कथाविधान में परिव्याप्त रहता है। ऐसी स्थिति में उसका मूल्यांकन काव्यार्थ के समग्र रूप के आधार पर ही करना चाहिए, प्रकीर्ण उक्तियों के आधार पर नहीं।

मेरा विश्वास है कि यदि उपर्युक्त सिद्धांत-सूत्रों को ध्यान में रखकर तुलसी के वाङ्मय का अध्ययन किया जाता है तो आधुनिक युग और भविष्य के सभी युगों के लिए उसकी सार्थकता अनायास ही सिद्ध हो जाएगी।

रामचरितमानस का अंगी रस

आनंदवर्धन का मत है कि :

> *प्रसिद्धेऽपि प्रबन्धानां नानारसनिबन्धने*
> *एको रसोऽङ्गी कर्त्तव्यः।।–3.21*

–प्रबंधों में अनेक रसों का समावेश प्रसिद्ध होने पर भी किसी एक रस को अंगी रस अवश्य बनाना चाहिए।

अंगी रस की यह कल्पना भी मूलतः भरत में ही मिल जाती है :

> *बहूनां समवेतानां रूपं यस्य भवेद् बहु।*
> *स मन्तव्यो रसः स्थायी शेषाः सञ्चारिणो मताः।।*–ना.शा. 7.20

–महाकाव्य में वर्णित अनेक रसों में से जो बहु अर्थात् अधिक या प्रधान रूप से विद्यमान रहता है, वह रस स्थायी या अंगी और शेष रस संचारी या अंगभूत होते हैं।

किंतु अंगी रस के विषय में दो मौलिक शंकाएँ उठती हैं–(1) रस तो उसी का नाम है जो स्वयं चमत्कार-रूप है। यदि उसकी स्व-चमत्कार रूप में विश्रांति नहीं होती है तो वह रस ही नहीं है। अंगांगिभाव अथवा उपकार्य-उपकारक भाव मानने में तो अंगभूत या उपकारक रस की स्व-चमत्कार में विश्रांति नहीं हो सकती, अतः वह रस नहीं कहला सकता। रस वह तभी होगा जब स्व-चमत्कार में ही उसकी विश्रांति हो जाए। उस दशा में वह किसी दूसरे का अंग नहीं हो सकता। इसलिए रसों में अंगांगिभाव संभव नहीं है।

आनंदवर्धन ने इन दोनों आक्षेपों का समाधान करते हुए भरत के मत की पुनःप्रतिष्ठा की है। पहले आक्षेप का उत्तर यह है कि प्रत्येक रस का अपने प्रसंग

में पूर्ण परिपोष हो जाता है और वह अपने प्रसंग की परिधि के भीतर स्व-चमत्कार में ही विश्रांतिलाभ करता है, इसमें संदेह नहीं। किंतु इसका अर्थ यह नहीं हुआ कि दूसरे के साथ उसका कोई संबंध ही नहीं हो सकता—और कुछ नहीं तो तारतम्य तो हो ही सकता है क्योंकि प्रबंध की विभिन्न परिस्थितियों के अनुकूल किसी रस का वर्णन स्वभावतः ही कम होगा और किसी का अधिक। दूसरे आक्षेप का उत्तर यह है कि विरोध के शमन के अनेक उपाय हैं जिनके द्वारा न केवल रसों का विरोध ही मिट जाता है वरन् उनमें उपकार्य-उपकारक संबंध भी स्थापित हो जाता है। इस प्रकार आनंदवर्धन के मत से रसों के अंगांगि या उपकार्य-उपकारक संबंध की कल्पना सर्वथा मान्य है। अभिनवगुप्त ने भी ध्वन्यालोक के प्रस्तुत प्रसंग की व्याख्या में एक प्राचीन आचार्य, भागुरि मुनि, का प्रमाण देते हुए रसों के अंगांगिभाव का समर्थन किया है : **'तथा च भागुरिरपि, किं रसानामपि स्थायिसञ्चारितास्तीती आक्षिप्याभ्युपगमे नैवोत्तरमवोचद् बाढमिति।'** इनके उपरांत, फिर तो उपर्युक्त प्रकल्पना पर मोहर लग गई और परवर्ती आचार्यों ने प्रबंधकाव्य में अंगी रस की स्थिति का निश्चयपूर्वक कथन किया है :

शृङ्गारवीरशान्तानामेकोऽङ्गी रस इष्यते।।—सा. दर्पण, 6.317

—महाकाव्य में शृंगार, वीर और शांत में से कोई एक रस अंगी होता है

—विमला टीका, पृ. 225

जीवन के वैविध्य एवं सर्वांग-चित्रण के कारण प्रबंधकाव्य में स्वभावतः ही विभिन्न रसों का वर्णन अनिवार्यतः रहता है और यह भी स्वाभाविक है कि इनमें एक प्रकार का तारतम्य तथा अंगांगित्व हो। जिस प्रकार अनेक कथाओं के रहते हुए एक कथा की आधिकारिकता अनिवार्य है, अथवा यह कहना चाहिए कि घटना-बाहुल्य के रहते हुए भी समस्त कथा-विधान की एक घटना में परिणति अनिवार्य है और अनेक पात्रों के समारोह में एक पत्र की नायकता असंदिग्ध है, इसी प्रकार अनेक रसों के संभार में एक रस की अंगिता भी स्वयं-सिद्ध है।[1]

उपर्युक्त विवेचन के आधार पर भारतीय काव्यशास्त्र के अनुसार अंगी रस का प्रधान लक्षण है—बहुव्याप्ति। **प्रबन्धेषु प्रथमतरं प्रस्तुतः सन् पुनः पुनरनुसन्धीयमानत्वेन स्थायी यो रसः**...। (ध्वन्यालोक, 3/22 की वृत्ति) अर्थात् प्रबंधों में प्रथम प्रस्तुत और बार-बार अनुसंहित होने से जो रस स्थायी है...। प्रबंधकाव्य में अभिव्यक्त नाना रसों में से जो रस कथानक के कलेवर में सर्वाधिक व्याप्त हो, वही अंगी रस है।

1. ***कार्यमेकं यथा व्यापि प्रबंधस्य विधीयते।***
तथा रसस्यापि विधी विरोधी नैव विद्यते।।—ध्वन्यालोक, 3.23
जिस प्रकार प्रबंध में व्यापक एक प्रधान कार्य रखा जाता है, इसी प्रकार एक प्रधान रस के विधान में भी विरोध नहीं है।

प्रबंधकाव्य के रस-विधान में उसकी स्थिति वही होती है जो रस परिपाक में स्थायी भाव की। जिस प्रकार रस के परिपाक में संचारी भाव उन्मग्न और निमग्न होकर स्थायी भाव का पोषण करते हैं, उसी प्रकार प्रबंधकाव्य में अन्य अंगभूत रस अंगी रस को समृद्ध करते हैं।

इसमें संदेह नहीं कि उपर्युक्त शास्त्रीय लक्षण अत्यंत प्रामाणिक है, किंतु अनिश्चय की स्थिति में कभी-कभी रस-निर्णय के लिए यह पर्याप्त नहीं होता। इसलिए कुछ सहायक लक्षणों की भी आवश्यकता पड़ जाती है। इन सहायक लक्षणों के संकेत भी भारतीय काव्यशास्त्र में मिल जाते हैं।

एक सहायक लक्षण तो यह हो सकता है कि अंगी रस में मुख्य पात्र की—पुरुष अथवा नारी, जो भी कथा का नयन करे, उसकी—मूलवृत्ति का प्रतिफलन रहता है। तत्त्व-रूप में प्रबंध-काव्य का संपूर्ण विस्तार नायक की जीवन-साधना का ही प्रसार-रूप होता है। जिस प्रकार जीवन-साधना के दो पक्ष हैं—कर्म और भाव; इसी प्रकार कथानक के भी दो पक्ष हैं—घटना और भाव; और इन दोनों पक्षों का संचालन करती है नायक के चरित्र की मूलवृत्ति। यही मूलवृत्ति कर्म-पक्ष में चरम घटना और फलागम का निर्धारण करती है और भाव-पक्ष में मूल भाव या अंगी रस का।

इसी तर्क-परंपरा के अनुसार अंगी रस का तीसरा लक्षण यह बनता है कि अंगी रस मूल उद्देश्य या फलागम का आस्वाद-रूप होता है; या दूसरे शब्दों में, सारभूत प्रभाव का अभिव्यंजक होता है। वास्तव में, जैसा कि प्रसाद जी ने आचार्य शुक्ल द्वारा निम्नतर रस-कोटि की स्थापना के विरोध में लिखा है, फल का निर्णय अन्वय और व्यतिरेक, दोनों पद्धतियों से फल-योग के आधार पर ही होता है।

इस प्रकार संस्कृत-काव्यशास्त्र की अंगी रस-कल्पना भी अपने-आपमें अत्यंत रोचक प्रसंग है। प्रबंधकाव्य के आस्वादन का स्वरूप-विश्लेषण करने के लिए ही कदाचित् यह कल्पना की गई थी और उस दृष्टि से इसका महत्त्व असंदिग्ध है।

रामचरितमानस का काव्यरूप क्या है ? वह प्रबंधकाव्य है अथवा भक्तिकाव्य—इष्टदेव का लीलागान ?

यदि प्रबंधकाव्य या महाकाव्य माना जाए तो मानस का मुख्य प्रतिपाद्य है राम का उदात्त जीवनचरित जिसकी प्रेरक भावना है धर्म :

निसिचरहीन करहुँ भुइं भुज उठाइ प्रन कीन्ह !

ऐसी स्थिति में इसका अंगी रस है धर्मवीर या वीर और कार्य है रावण-विजय। रावण पर राम की विजय अधर्म पर धर्म की विजय है : स्थायी भाव है उत्साह—दया, दान, युद्ध के उत्साह से परिपुष्ट धर्माचरण का उत्साह। आचार्य शुक्ल ने इसी के आधार पर लोकधर्म की प्रतिष्ठा को मानस का प्रतिपाद्य माना है। वाल्मीकि रामायण में

वस्तुतः राम के इसी रूप की प्रतिष्ठा है—लेकिन कथा के उत्तरार्द्ध में सीता-वनवास, सीता की भूमि-समाधि, राम की जल-समाधि आदि का समावेश हो जाने से रामायण का अंगी रस करुण हो गया है। मानस में तुलसीदास ने इस प्रसंगों का अपवर्जन किया है, अतः मानस की कथा में वीर रस की ही आदि से अंत तक व्याप्ति रहती है। अंगी रस के सभी लक्षण उस पर घटित हो जाते हैं।

किंतु रामचरितमानस को उस अर्थ में महाकाव्य मानना कठिन है जिस अर्थ में हम रामायण को मानते हैं। मानस भक्त-कवि की रचना है, ऐसे भक्त-कवि की जो अपने को भक्त पहले और कवि बाद में मानता है :

भनिति बिचित्र सुकविकृत जोऊ। राम नाम बिनु सोह न तोऊ।
सब गुन रहित कुकविकृत बानी। राम नाम जस अंकित जानी।
सादर कहहिं सुनहिं बुध ताही। मधुकर सरिस संत गुन ग्राही।

उसी स्पष्ट धारणा है :

रामभगति भूषित जिय जानी। सुनिहहिं सुजन सराहि सुबानी।

—बालकांड, भूमिका

X X X

भनिति मोर सब गुन-रहित बिस्व-विदित गुन एक।
सो बिचारि सुनिहहिं सुमति जिन्हकें बिमल विवेक।।

—बालकांड, दोहा 9

और वह गुण है :

एहि महँ रघुपति नाम उदारा। अति पावन पुरान-श्रुति-सारा।

—बालकांड, भूमिका

मानस को भक्तिकाव्य मानने पर स्थिति बदल जाती है : मूल प्रतिपाद्य राम का उदात्त चरित्र न रहकर रामनाम हो जाता है। राम का उदात्त चरित्र जिसकी वाल्मीकि को लोक-जीवन के आदर्श की प्रतिष्ठा करने के लिए तलाश थी, तुलसी को भी अभीष्ट है, किंतु उसका लक्ष्य बदल गया है। तुलसी को उसकी अपेक्षा इसलिए नहीं है कि वह लोक-जीवन की प्रतिष्ठा करता है, वरन् इसलिए है कि वह लोक-जीवन से मुक्ति प्रदान करता है :

एहि महँ रामचरित भव-मोचन।

अतः यहाँ राम का नायक या आश्रय रूप गौण और आलंबन रूप प्रमुख हो जाता है। आश्रय यहाँ स्वयं कवि है और उसके माध्यम से भक्त है जो श्री राम के पावन

चरित्र का गान लोक-जीवन के संस्कार के लिए नहीं वरन् उससे मुक्त होने के लिए करता है। स्वभावतः कवि की मूल चेतना या प्रेरक चित्तवृत्ति यहाँ भक्ति है और वही अंगी रस की निर्णायक है जो भक्ति के अतिरिक्त और कुछ नहीं हो सकता। अंगी रस के अन्य सभी लक्षण—बहुव्याप्ति, प्रतिपाद्य की रागात्मक अनुभूति, सारभूत प्रभाव आदि भक्त रस पर स्पष्टतया घटित हो जाते हैं। कवि मंगलछंद से लेकर अंत तक निरंतर भक्ति का संधान करता है; प्रतिपाद्य के विषय में वह बार-बार घोषणा करता है कि रामभक्ति की प्राप्ति ही उसके काव्य का चरम लक्ष्य है, और ग्रंथ का पर्यवसान भी पूरे समारोह के साथ भक्ति में ही होता है।

ऐसी स्थिति में अंगी रस का निर्णय कैसे हो ? राम के चरित्र के आधार पर या तुलसीदास की भावना के आधार पर ? शास्त्र का उत्तर स्पष्ट है—कवि की भावना के आधार पर, जो निश्चय ही भक्ति है। अतः मानस का अंगी रस भक्ति है, इसका प्रतिवाद करना कठिन है।

यह मान लेने पर कई शंकाएँ उठती हैं। क्या राम के महान् चरित्र और उनके उदात्त आचरण का मानस की काव्य चेतना में कोई विशेष स्थान नहीं है—पाठक या श्रोता केवल भक्तिरस का आस्वाद करके ही तृप्त हो जाता है ? इससे तो समस्या और भी उलझ सकती है और कम-से-कम आधुनिक युग में मानस की सार्थकता के विषय में संदेह हो सकता है क्योंकि निश्चय ही आज का अधिकांश सहृदय-समुदाय भक्ति के आस्वादन के लिए उसका अध्ययन-मनन नहीं करता और न उससे आत्म-संतोष का अनुभव कर सकता है ? इसका उत्तर तुलसीदास ने ही दिया है—भक्ति के आलंबन में जीवन के उत्तम आदर्शों और सर्वश्रेष्ठ मानव-मूल्यों की प्रतिष्ठा करके। तुलसी की भक्ति ऐसे इष्ट के प्रति निवेदित है जो दिव्य विभूतियों से युक्त होने के साथ-साथ आदर्श मानव-गुणों का—शील, भक्ति और सौंदर्य का प्रतीक है। इस प्रकार तुलसीदास ने भक्ति को एक व्यापक नैतिक आधार पर प्रतिष्ठित कर उसे महत्तर जीवन के साथ संबद्ध कर दिया है। एक ओर उन्होंने काव्य को प्राकृत जन-जीवन के क्षुद्र मूल्यों से मुक्त किया और दूसरी ओर भक्ति को आदर्श जीवन के महत्तर मूल्यों से संबद्ध कर भक्ति और काव्य दोनों के क्षेत्र में क्रांति का प्रवर्तन किया : **'बरनों रघुबर बिमल जस जो दायक फल चार।'** तुलसी की भक्ति केवल भावना की प्रतीक न होकर भाव, कर्म और ज्ञान का समन्वय है।

भक्ति के इसी व्यापक रूप की प्रतिष्ठा के द्वारा तुलसीदास ने मानस में महाकाव्य के लोकधर्मी और अभिव्यक्ति के आत्मधर्मी लक्षणों के बीच अपूर्व समन्वय स्थापित किया है। उन्होंने जिस आवेग के साथ सर्वत्र भक्ति का आग्रह किया है उससे इस विषय में तो कोई विकल्प ही नहीं रह जाता कि मानस का अंगी रस या स्थायी भाव भक्ति है, किंतु यह भक्ति मूलतः जीवन या धर्म के प्रति सात्त्विक उत्साह की भावना से प्रेरित है—यह भी उतना ही निर्विवाद है। शास्त्रीय शब्दावली

में यदि मानस के रस-विधान का विवेचन करें, तो भक्ति रस का आश्रय है कवि, आलंबन है मर्यादा पुरुषोत्तम भगवान् राम और उनका संपूर्ण उदात्त चरित्र, आलंबन का गुण होने के कारण, उद्दीपन विभाव के अंतर्गत आता है। जिस प्रकार शृंगार के प्रसंग में आलंबन का शील और सौंदर्य रति स्थायीभाव को और वीर रस में प्रेरक उद्देश्य का गौरव उत्साह को उद्दीप्त करता है, इसी प्रकार भक्ति रस में आलंबन के शील, शक्ति, सौंदर्य आदि गुण तथा आदर्श कर्म भक्ति-भाव को उद्दीप्त कर रस-परिपाक में योगदान करते हैं।

राम के जीवन के सभी प्रसंग—मधुर बाल-क्रीड़ाएँ, मर्यादित शृंगार, माता-पिता तथा गुरुजन के प्रति अतर्क्य सम्मान की भावना, प्रियजन-परिजन के प्रति निश्छल स्नेह-सौजन्य, शौर्य और शक्ति के विविध प्रसंग, लोक-सेवा की भावना, शरणागत-वत्सलता, शत्रु के प्रति उदार व्यवहार आदि कवि की भक्ति-भावना के सहज उद्दीपन बन जाते हैं। ये प्रसंग भक्ति को उद्दीप्त ही नहीं करते वरन् उसके स्वरूप के निर्माण में भी सहायता करते हैं : आलंबन के गुण तज्जन्य भावना के स्वरूप को भी प्रभावित करते हैं। तुलसी भगवान् के वीर रूप के—लोकरक्षक विभूतिसंपन्न रूप के उपासक हैं, अतः उनके काव्य में व्याप्त भक्तिरस लोकधर्म पर आधृत है—जीवन के पोषक मानव-मूल्यों से संवलित है। वाल्मीकि की कवि-चेतना जहाँ राम के जीवन के मधुर-उदात्त प्रसंगों में गुज़रती हुई अंत में उनके जीवन की विराट् करुणा के साथ तन्मय हो जाती है, वहाँ तुलसी की कवि-चेतना राम के शील, शक्ति, सौंदर्य के प्रसंगों के साथ तादात्म्य करती हुई अंत में उनके विराट् रूप में आत्म-विलयन करती है। वाल्मीकि का पाठक नायक के महाचरित के साथ तादात्म्य करता हुआ, रसानुभूति करता है, किंतु तुलसी का पाठक नायक के साथ तादात्म्य करता हुआ, अंत में पूर्ण समर्पण के माध्यम से रसानुभव करता है। एक में औदात्य की अनुभूति है (राम की करुणा भी उदात्त ही है), दूसरे में इस औदात्य-भावना के समर्पण की अनुभूति है यही ऋषि और भक्त की रस-दृष्टि का भेद है।

मानस में, वास्तव में, रसानुभूति के दो स्तर हैं : एक कथानक का और दूसरा कवि की भावना का। कथागत रसानुभूति के माध्यम हैं राम जिनकी प्रमुख मनोवृत्ति के आधार पर अंगी रस का परिपाक होता है। राम के चरित्र की मूलवृत्ति है धर्म अर्थात् जीवन को धारण करनेवाले मूल्यों की प्रतिष्ठा के प्रति उत्साह जिसके आधार पर, कथा के स्तर पर, अंगी रस के रूप में (धर्म) वीर रस का परिपाक होता है। राम के चरित्र की अन्य स्थिर वृत्तियाँ हैं प्रेम, करुणा और शम जिनकी परिणति शृंगार, करुण तथा शांत में होती है। इन तीनों का वीर के साथ पोष्य-पोषक संबंध है, अर्थात् ये कथा के आधारभूत रस वीर का पोषण करते हैं। कथा के स्तर पर इन सभी—मूल और पोषक भावों के आश्रय राम हैं और सामाजिक की चेतना राम

की मनोवृत्ति के साथ सहयात्रा करती हुई रसानुभव करती है। किंतु कवि की भावना के स्तर पर राम आलंबन और राम की कथा उद्दीपन बन जाती है। कथा के अंतर्गत शृंगार, करुण और शांत के द्वारा अंगी रस के जिस धर्मवीर रस का पोषण हुआ था, वह कवि की भावना के स्तर पर भक्ति रस का उद्दीपन बन जाती है। इस प्रकार, मानस में रस का वृत्त कथा में व्याप्त लोकधर्म—अथवा जीवन-मूल्यों के प्रति उत्साह से आरंभ होकर भगवान् के प्रति आत्मसमर्पण की भावना में पूर्ण होता है।—यहाँ फिर प्रश्न उठता है कि क्या सामान्य सहृदय, या कहें कि, आधुनिक युग का सहृदय इस संपूर्ण रसवृत्त का अनुभव करता है ? इसका उत्तर हमारे पास यह है कि एक ऐसा सहृदय तो, जिसकी चेतना में आस्तिक संस्कार विद्यमान हैं, इस पूर्ण रसवृत्त का अनुभव करता है, किंतु आस्तिक संस्कारों से रहित सहृदय का रसवृत्त कथानक के स्तर पर ही पूरा हो जाता है अर्थात् उसकी रसानुभूति का वृत्त जीवन-मूल्यों के प्रति सात्विक उत्साह के निर्वैयक्तिक अनुभव के साथ ही पूर्ण हो जाता है। भक्ति-काव्य के संदर्भ में रसानुभूति का यह द्वैत प्रायः विद्यमान रहता है, इसीलिए संस्कृत के आचार्यों को, जिन्होंने अद्वैत भाव के रूप में रस-कल्पना की है, भक्ति रस को मान्यता प्रदान करने में कठिनाई रही है।

तुलसी और नारी

तुलसी के यह सौभाग्य और दुर्भाग्य दोनों ही रहे हैं कि भारतीय परंपरा ने उन्हें लोकनायक महात्मा पहले और कवि बाद में माना है। इस दृष्टि से उनके ग्रंथ हमारे लिए आचार-शास्त्र का काम भी करते रहे हैं। तुलसी के प्रकांड आलोचक शुक्लजी ने भी उनके इस रूप पर ही अधिक बल दिया है। परिणामतः आज तुलसी के साहित्यिक महत्त्व के मूल्यांकन में भी अनेक नैतिक-सामाजिक प्रश्नों का उत्तर देना अनिवार्य हो जाता है। जब तुलसीदास के समर्थकों और भक्तों ने उनके काव्य पर सामाजिक आचार-शास्त्र का आरोप किया तो स्वभावतः ही आधुनिक नारी की उद्‌बुद्ध चेतना ने सहृदयता के न्यायालय में अपने प्रति न्याय की माँग की।

तुलसीदास के 'रामचरितमानस' तथा अन्य ग्रंथों में विभिन्न प्रसंगों में, ऐसी अनेक उक्तियाँ हैं जो किसी भी देश-काल की नारी के प्रति, किसी रूप में भी न्याय नहीं करतीं। उन्होंने नारी की प्रकृति, उसके चारित्र्य-बुद्धि-विवेक, आचार-व्यवहार सभी की निंदा की है। पहले प्रकृति को लीजिए।

स्वयं भगवान् शंकर के श्रीमुख से, जगदंबा सती के व्याज से, नारी की प्रकृति का वर्णन सुनिए :

सुनहु सती तव नारि सुभाऊ।
संसय अस न धरिय उर काऊ।।

इसके आगे कवि की टिप्पणी है :

सती कीन्ह चह तहहुँ दुराऊ।
देखहु नारि सुभाव-प्रभाऊ।।

भरत 'रामचरितमानस' के सर्वश्रेष्ठ पात्र हैं। वे तुलसी के मत से मानव-रूप के

आदर्श हैं। नारी की प्रकृति के विषय में उनकी धारणा सर्वथा प्रतिकूल है :

बिधिहु न नारि हृदय-गति जानी।
सकल कपट अघ अवगुन खानी।।

उधर रावण, भरत के सर्वथा विपरीत, तुलसीदास की धारणा के अनुसार अमानव-रूप का प्रतीक है। परंतु नारी की प्रकृति के विषय में तुलसी के आदर्श मानव और अमानव, दोनों का एक ही मत है। रावण के शब्दों में :

नारि-सुभाव सत्य कवि कहहीं।
अवगुन आठ सदा उर रहहीं।।
साहस अनृत चपलता माया।
भय अविवेक असौच अदाया।।

इस प्रकार तुलसीदास के दो सर्वथा प्रतीप पात्र नारी के विषय में एकमत हैं। और यह धारणा केवल पुरुषों की ही नहीं है, नारी स्वयं भी अपने विषय में यही सोचती है।

राम से शबरी कहती है :

अधम तैं अधम अधम अति नारी।
तिन्ह महँ मैं मति-मन्द गँवारी।।

उधर भगवती अनसूया भी नारी को सहज अपावन ही मानती हैं :

'सहज अपावन नारि।'

ये तो हुए व्यक्तियों के विचार, समष्टि का निर्णय भी नारी की प्रकृति को दुष्ट ही ठहराता है। अयोध्या का जनमत है :

सत्य कहहिं कवि नारि-सुभाऊ।
सब बिधि अगहु अगाधि दुराऊ।।

और अंत में निष्कर्ष-रूप में स्वयं तुलसीदास की घोषणा है कि नारी स्वतंत्र होकर मार्गभ्रष्ट हो जाती है :

'जिमि स्वतंत्र होइ बिगरहिं नारी।'

प्रकृति के अतिरिक्त नारी की बुद्धि और विवेक के विषय में भी तुलसीदास का मत भिन्न नहीं है। सती के शब्दों में स्वयं नारी अपनी बुद्धि के विषय में कहती है :

सती हृदय अनुमान किय, सब जानेऊ सर्वज्ञ।

कीन्ह कपटु मैं संभु सन, नारि सहज जड़ अज्ञ।।

अपनी सहज अज्ञता के कारण वह तत्त्व-दर्शन आदि की अधिकारिणी नहीं है :

'जदपि जोषिता नहिं अधिकारी।'

इसी प्रकार उसके आचार-व्यवहार को भी तुलसीदास ने मलिन ही माना है :

कहँ हम लोक-बेद-बिधि-हीनी।
लघु तिय कुल करतूति मलीनी।।

उनकी दृष्टि में नारी का सामाजिक गौरव कितना है, इसका संकेत भी आपको मर्यादापुरुषोत्तम भगवान् राम के शब्दों में मिल जाएगा। लक्ष्मण-शक्ति के अवसर पर शोक-विह्वल राम इस दुर्घटना का समस्त दोष नारी के ही मत्थे मढ़ देते हैं :

जैहउँ अवध कवन मुँह लाई।
नारि-हेतु प्रिय भाइ गँवाई।।
बर अपजस सहतेउँ जगमाहीं।
नारि-हानि बिशेस छति नाहीं।।

यहाँ राम शोक में व्याकुल होकर न केवल क्षत्रिय की, वरन् साधारण पुरुष की आत्म-मर्यादा का भी, त्याग कर देते हैं। स्त्री का हरण पुरुष के पौरुष के लिए सबसे बड़ी चुनौती है; परंतु यहाँ ऐसा प्रतीत होता है मानो नारी के प्रति पतनकालीन हिंदू-समाज की हीन भावना राम पर भी हावी हो जाती है।

तुलसीदास का सबसे भयंकार प्रहार नारी के कामिनी-रूप पर हुआ है। उन्होंने रामादि आदर्श पात्रों द्वारा परोक्ष रूप से और उधर स्वयं प्रत्यक्ष रूप से अनेक स्थानों पर नारी के इस भयंकर खतरे की चेतावनी दी है : पंपासर के किनारे नारद मुनि को सावधान करते हुए भगवान् राम कहते हैं :

सुनि मुनि कह पुरान स्रुति सन्ता।
मोह-बिपिन कहँ नारि बसन्ता।।
जप तप नेम जलासय भारी।
होइ ग्रीसम सोखइ सब नारी।।
पाप उलूक-निकर सुखकारी।
नारि निबिड़ रजनी अँधियारी।।
बुधि बल सील सत्य सब मीना।
बनसी सम त्रिय कहहिं प्रबीना।।

नारी मोह-रूपी विपिन के लिए वसंत के समान है, जप-तप नियमादि जलाशयों को

वह ग्रीष्म ऋतु के समान सुखा देती है। पाप-रूपी उलूकों के लिए वह निविड़ रात्रि के सदृश सुखदायी है और बुद्धि, बल, शील तथा सत्य रूपी मीनों के लिए वंशी के समान है।

उसमें संयम का इतना घोर अभाव है कि भ्राता, पिता और पुत्र किसी भी सुंदर पुरुष को देखकर वह रसार्द्र हो जाती है :

भ्राता पिता पुत्र उरगारी।
पुरुष मनोहर निरखत नारी।।
होइ बिकल मन सकहिं न रोकी।
जिमि रबिमनि द्रव रबिहिं बिलोकी।।

इसीलिए तुलसीदास अपने मन को बार-बार सचेत करते हैं :

दीपसिखा सम जुवति तन, मन जनि होइ पतंग।
भजहु राम, तजि काम मद, करहु सदा सतसंग।।

क्योंकि पुरुष के लिए स्त्री घोर शत्रु से भी अधिक दारुण है–उसकी भयंकरता मृत्यु से कुछ ही कम समझिए : इसका प्रमाण है जन्म-कुंडली, जिसमें नारी का स्थान दारुण बैरी और मृत्यु के बीच में पड़ता है :

जनम-पत्रिका बरति कै, देखहु मनहिं बिचारि।
दारुन बैरी मीचु कै, बीच बिराजति नारि।।

तुलसी बाबा अपनी सफ़ाई में क्या कहते, यह कहना तो आज संभव नहीं; परंतु उनके भक्तों और प्रशंसकों ने उनकी ओर से अनेक तर्क प्रस्तुत किए हैं जिनका सारांश इस प्रकार है :

तुलसी का काव्य व्यक्तिपरक काव्य न होकर वस्तुपरक काव्य है। उन्होंने अपनी व्यक्तिगत भावनाओं और विचारों की अभिव्यक्ति न करके कथा का वर्णन किया है जिसमें प्रसंग और पात्र के अनुसार अनेक प्रकार के भाव और विचार व्यक्त किए गए हैं। अतएव सभी उक्तियों का तुलसीदास पर ही आरोप कर देना न्याय नहीं है। 'रामचरितमानस' में भिन्न प्रकृति के भिन्न-भिन्न पात्र हैं जो अपनी परिस्थिति और मनोदशा की अनुकूल प्रतिक्रिया व्यक्त करते हैं। उदाहरण के लिए, भरत अथवा राम की वाणी शोक और आत्म-ग्लानि की कातर वाणी है, और शबरी तथा ग्राम-नारियों के शब्द उनकी अतिशय कृतज्ञता और विनम्रता को ही व्यक्त करते हैं। उधर **'भ्राता पिता पुत्र उरगारी'** आदि का संबंध शूर्पणखा से है और सती की आत्मग्लानि–**'नारि सहज जड़ अज्ञ'**–का संबंध भी, उनके अपने अज्ञानजन्य अपराध से ही है। इसी प्रकार रावण स्वयं दुष्ट पात्र है, अतएव उसके शब्द

तुलसीदास के शब्द कैसे हो सकते हैं !—तुलसीदास के अधिवक्ता कथाकार-कवि के अवैयक्तिक रूप (Impersonality of the poet) का तर्क उपस्थित करते हैं।

परंतु यह तर्क अधिक संगत नहीं है। पहले तो तुलसी-जैसे भक्तकवि की कविता को एकांत वस्तुपरक मानना ही असंगत है। स्वयं उन्होंने ही अपनी काव्य-रचना को 'स्वांतःसुखाय' कहा है, और यह अर्थवाद नहीं है; क्योंकि वास्तव में भक्त-कवि की चेतना मूलतः वस्तुपरक हो ही कैसे सकती है ! वस्तुपरक दृष्टि की पहली शर्त है वस्तु अर्थात् पार्थिव जगत् की सत्ता में अचल विश्वास और भक्त के लिए भाव-जगत् ही सब कुछ है। इस प्रसंग में जो लोग शेक्सपियर का उदाहरण देकर तुलसी का पक्ष समर्थन करते हैं वे लाल और सफ़ेद रंगों में भेद करना नहीं जानते। इसके अतिरिक्त तुलसी की पूर्वोक्त पंक्तियों की परीक्षा करने पर भी इस युक्ति का सहज ही प्रतिवाद हो जाता है। उदाहरण के लिए ये पंक्तियाँ ही लीजिए :

भ्राता पिता पुत्र उरगारी।
पुरुष मनोहर निरखत नारी।।
होइ बिकल मन सकहिं न रोकी।
जिमि रबिमनि द्रव रबिहिं बिलोकी।।

जहाँ तक कटुता का संबंध है, मेरी धारणा है कि नारी के प्रति इससे अधिक अन्याय नहीं किया जा सकता। कहाँ नारी का पवित्रतम वात्सल्य भाव; कहाँ 'द्रव' शब्द की वीभत्सता ! कहा जा सकता है कि यह निंदा दुष्टा शूर्पणखा की है, साधारण नारी की नहीं। परंतु ऐसा नहीं है, ये पंक्तियाँ शूर्पणखा के प्रसंग में अवश्य कही गई हैं किंतु उसके लिए नहीं कही गईं। यह नारी-व्यक्ति की भर्त्सना नहीं, नारी-जाति की भर्त्सना है ! और ये एक पात्र द्वारा दूसरे पात्र को उद्दिष्ट कर नहीं कही गईं, ये तो काकभुशुंडि द्वारा गरुड़ से कही गई हैं। दूसरे शब्दों में, स्वयं कवि की ही सामान्य टिप्पणी है। इसी प्रकार अनेक उक्तियों में तो पात्र बीच में आते ही नहीं, वे प्रत्यक्ष कवि-वचन हैं; यथा :

जिमि स्वतंत्र होइ बिगरहिं नारी।

दूसरा तर्क तुलसीदास के पक्ष में यह दिया जाता है कि उन्होंने सभी स्त्रियों की निंदा नहीं की; जिनको निंद्य समझा है उन्हीं की निंदा की है।

सीता, कौशल्या, सुमित्रा, अनसूया, यहाँ तक कि मंदोदरी के प्रति भी उन्होंने असीम श्रद्धा व्यक्त की है और उनके उज्ज्वल चित्र अंकित किए हैं। परंतु इसके उत्तर में तीन प्रतियुक्तियाँ प्रस्तुत की जा सकती हैं। एक तो यह कि सीता कौशल्यादि की महिमा का वर्णन तुलसी ने केवल राम के नाते से ही किया है

नाते सबहिं राम के मनियत श्रव्य सुसेव्य जहाँ लौं।

इन पात्रों की महिमा मूलतः राम की ही महिमा है। मंदोदरी की महिमा इसलिए है कि वह राम के लिए अपने पति से भी लड़ बैठती है। यदि राम बीच में न होते, तो जाने तुलसीदास उसके विषय में क्या कहते ! दूसरी बात यह है कि इन पात्रों के व्यक्तित्व भी अपने-आपमें कोई विशेष प्रबल नहीं हैं। राम को हटाकर यदि आप सीता के स्वतंत्र व्यक्तित्व का विश्लेषण करें तो उसमें वांछित शक्ति और दृढ़ता का अभाव पाएँगे। परम पुरुष की आदि-शक्ति सीता के व्यक्तित्व में जो शक्ति और प्रखरता होनी चाहिए, वह तुलसी की सीता में नहीं है; वे राम की छाया-मात्र हैं। तुलसी ने वास्तव में मध्यकालीन हिंदू-परंपरा के अनुसार सीता का गुड़ियानुमा वधू-चित्र ही अंकित किया है।

पलंग पीठि तजि गोद हिंडोरा। सिय न दीन्ह पगु अवनि कठोरा।।

X X X

सिय बन बसहि तात केहि भाँती। चित्र लिखित कपि देखि डराती।।

X X X

डरपहिं धीर गहन सुधि आएँ। मृगलोचनि तुम्ह भीरु सुभाएँ।।
हंसगवनि तुम नहिं बन जोगू। सुनि अपजस मोहि देइहिं लोगू।।

केवल रावण के सामने ही दो-एक अवसरों पर उनकी परम शक्ति उद्‌बुद्ध होती है, पर वहाँ भी उनको अपने बल की अपेक्षा राम के बल का ही अधिक भरोसा है :

खल सुधि नहिं रघुबीर बान की।

तीसरी प्रतियुक्ति यह दी जा सकती है कि मान लीजिए, तुलसी ने सीता-कौशल्यादि का महिमा-गान किया भी है, फिर भी तो यह व्यक्तियों का ही महिमा-गान हुआ, नारी-जाति की तो उन्होंने सदा निंदा ही की है। व्यक्ति को अच्छा-बुरा कहना तो प्रसंग, पात्र, मनोदशा आदि पर निर्भर हो सकता है, परंतु समष्टि को बुरा कहना तो कवि की सामान्य धारणा को ही व्यक्त करता है।

तुलसीदास के समर्थक एक तर्क यह देते हैं कि कवि पर देश-काल का प्रभाव था। उस युग में स्त्रियों की दशा अत्यंत हीन थी, वे वास्तव में ही अज्ञ, मतिमंद तथा लोक-वेद-विधिहीन थीं। इसके अतिरिक्त मध्यकालीन दृष्टिकोण भी नारी को केवल जीवन का उपकरण अथवा दासी ही मानता था, अतएव तुलसीदास ने अपने युग की स्थिति तथा विचारधारा के अनुरूप ही नारी का चित्रण किया है। यह तर्क साधारण कवि के लिए तो ठीक हो सकता है, तुलसी जैसे क्रांतद्रष्टा कवि के लिए नहीं। और फिर, सूर ने ऐसा क्यों नहीं किया ?

तुलसी के पक्ष में चौथा तर्क और भी प्रबल है। तुलसीदास संत थे, और उन्होंने अपने ग्रंथों में जहाँ अनेक बातें साधारण गृहस्थों के लिए कही हैं, वहाँ कुछ

बातें संतों के लिए भी कही हैं। नारी-निंदा उन्होंने अपने और अपने समानधर्मा संतों के मन को सचेत करने के लिए की है। शुक्ल जी कहते हैं कि यदि पुरुष-कवि तुलसीदास ने नारी को पुरुष-पतंगों के लिए दीपशिखा कहा, तो स्त्री-कवि पुरुष को नारी-पतंगियों के लिए भाड़ कह सकती है। इसमें संदेह नहीं कि तुलसी के दृष्टिकोण के पीछे इस प्रकार का मनोविज्ञान रहा होगा। संत होने के कारण उनका कंचन और कामिनी के प्रति सतर्क रहना स्वाभाविक ही था, और तत्कालीन संत-समाज को भी संभवतः सचेत करने की आवश्यकता रही हो; परंतु फिर भी इसका औचित्य सिद्ध नहीं किया जा सकता। संत का दृष्टिकोण 'सीयराममय' भी तो हो सकता था और स्वयं तुलसी ने अपने महाकाव्य का आरंभ इसी परप्रत्यक्ष-गम्य नमस्क्रिया से किया भी है। परंतु इसका निर्वाह नहीं हो सका; क्योंकि एक तो उनके अपने संस्कार इसमें बाधक हुए हैं, दूसरे भारतीय संत-परंपरा की दृष्टि भी तो नारी के प्रति अत्यंत संदेहशील और कठोर रही है। वास्तव में तुलसी की कई कटूक्तियाँ उनकी अपनी न होकर संस्कृत नीति-वचनों का सीधा अनुवाद हैं। उदाहरण के लिए, उनकी यह चिरनिंदित अर्धाली :

ढोल गँवार शूद्र पशु नारी। ये सब ताड़न के अधिकारी।।

गर्ग-संहिता के इस श्लोक का अक्षरशः अनुवाद है :

दुर्जनाः शिल्पिनो दासा, दुष्टाश्च पटहाः स्त्रियः।
ताडिता मार्दवं यान्ति नैते सत्कारभाजिनः।।

इसी प्रकार रावण की कटूक्ति भी अनुवाद ही है :

नारि स्वभाव सत्य कवि कहहीं।
अवगुन आठ सदा उर रहहीं।।
साहस, अनृत, चपलता माया।
भय अविवेक असौच अदाया।।

इसका मूल श्लोक इस प्रकार है :

अनृतं साहसं माया मूर्खत्वमतिलोभता।
अशौचं निर्दयत्वं च स्त्रीणां दोषाः स्वभावजाः।।

उस समय का वातावरण ही कुछ ऐसा था : संस्कृत के मध्यकालीन नीतिग्रंथ, स्मृतियाँ, पुराण, संतवाणी—यहाँ तक कि संस्कृत और हिंदी के घोरतम शृंगारी कवियों ने भी इस परंपरा का विचार अथवा अविचारपूर्वक पालन किया है। मनोविज्ञान की दृष्टि से वास्तव में इसे नारी की भर्त्सना न मानकर उनके अपने

अतिशय अनुरक्त मन की ही भर्त्सना समझना चाहिए।

मनोविज्ञान या मनोविश्लेषण-शास्त्र इस मनोवृत्ति के कुछ और भी कारण उपस्थित कर सकता है। इस कटुता का एक अत्यंत स्पष्ट कारण तो तुलसी के जीवन की उस घटना में ही ढूँढ़ा जा सकता है जिसने उन्हें राम-भक्ति की ओर प्रेरित किया था। यह घटना तुलसीदास के व्यक्तित्व-निर्माण का मूल आधार है। इसी के द्वारा उनका उत्कट पार्थिव प्रेम उतने ही उत्कट अपार्थिव प्रेम में उन्नयित हो गया था। अपने भाव का उन्नयन तो तुलसी ने साधना से कर लिया; परंतु चूंकि यह परिवर्तन सहज एवं क्रमिक प्रक्रिया के द्वारा न होकर एक झटके के साथ हुआ था, इसलिए प्रतीत होता है कि यह ग्रंथि उनके मन में रह गई और उनकी आत्म-ग्लानि जीवन-भर न तो अपने आतुर मन को क्षमा कर सकी और न उस आतुर मन की आलंबन अथवा बाह्य प्रतीक नारी को ही। सामान्यतः तो जीवन के उस अभुक्त रस को उन्होंने अपने लिए और दूसरों के लिए भी अमृत बना लिया; परंतु परिवर्तन की अचानकता (abruptness) के कारण कदाचित् कुछ कण ऐसे रह गए जो विष बन गए। उनकी उक्तियों के विश्लेषण से इसमें संदेह नहीं रह जाता है कि वे नारी को कभी क्षमा नहीं कर सके; परंतु यहाँ नारी को एक सामाजिक इकाई न मानकर तुलसी के उस अधीर मन का प्रतीक मानना चाहिए जो उनकी घोर ग्लानि और लज्जा का कारण बना था।

एक दूसरा कारण और भी है। तुलसी की भक्ति पुरुष-भाव से पुरुष की अर्थात् पुरुष-रूप भगवान् की उपासना है। दास्य-भाव भी पुरुष-भाव ही है। मध्य-युग में उपासना के तीन मार्ग थे : नारी-भाव से पुरुष-रूप भगवान् की उपासना, पुरुष-भाव से नारी अर्थात् शक्ति-रूप भगवान् की उपासना और पुरुषभाव से पुरुष-रूप भगवान् की उपासना, जिसके अंतर्गत सख्य और दास्य दोनों भाव आ जाते हैं। पहली दो पद्धतियों में तो नारी-भाव की अनिवार्यता ही है, इस तीसरी उपासना-पद्धति में नारी नहीं आती और आती है तो बाधा-रूप में आती है, या अवचेतन में अनावश्यक प्रतिद्वंद्व की भावना उत्पन्न करती है।

ये सब तर्क और यह कार्य-कारण-शृंखला केवल व्याख्या मात्र हैं। ये तुलसी के नारी-विषयक दृष्टिकोण के लिए क्षमा-याचना या अधिक-से-अधिक स्पष्टीकरण प्रस्तुत कर सकते हैं। वास्तव में आज की नारी यदि समस्त जगत् को 'सियराममय' समझनेवाले समद्रष्टा कवि से अधिक न्याय की माँग करे तो आप उसके क्षोभ को सहज ही समझ सकते हैं।

काव्य-भाषा : तुलसीदास की अवधारणा

सुगम अगम मृदु मंजु कठोरे।
अरथु अमित, अति आखर थोरे।।

संदर्भ : यह अर्द्धाली अयोध्याकांड के अंतर्गत 'चित्रकूट-प्रसंग' से उद्धृत है जहाँ स्वामिधर्म और स्वार्थ–तथा धर्म और प्रेम के द्वंद्व के कारण एक विचित्र गतिरोध उत्पन्न हो गया था। महाराज जनक ने जब भरत से गतिरोध भंग करने के लिए कहा तो भरत ने अत्यंत सावधान भाषा में उत्तर दिया :

राखि राम रुख धरमु व्रतु पराधीन मोहि जानि।
सबकें सम्मत सहित करिअ प्रेमु पहिचानि।।

–अयो. 293

भरत के वचन सुनकर राजा जनक तथा उपस्थित सभ्यजन उनकी वचन-भंगिमा अथवा कथन-शैली की इस प्रकार प्रशंसा करते हैं : "भरत की वाणी सुगम है और अगम भी, मृदु-मंजु अर्थात् मधुर-कोमल भी है और कठोर भी।"–

इसी क्रम में, अपने मंतव्य को और स्पष्ट करते हुए जनक कहते हैं :

ज्यों मुखु मुकुरु, मुकुरु निज पानी,
गहि न जाइ अस अद्‌भुत् बानी।

–अर्थात् जैसे मुख दर्पण में (दिखाई देता) है और दर्पण अपने हाथ में है, फिर भी मुख का प्रतिबिंब पकड़ में नहीं आता, यह अद्‌भुत् वाणी भी कुछ इसी प्रकार की है–अथवा भरत की वाणी का स्वरूप भी इसी प्रकार अद्‌भुत् है।

मानस के टीकाकारों ने भरत के वक्तव्य के संदर्भ में उनकी वाणी के लिए प्रयुक्त विशेषणों की व्याख्या की है। भरत की वाक्य-रचना सुबोध है, उसमें किसी

प्रकार की अस्पष्टता या वाक्छल नहीं है। लेकिन फिर भी अगम्य है अर्थात् उसमें निहित अर्थ को ग्रहण करना अत्यंत कठिन—और सामान्यजन के लिए असंभव है—क्योंकि उसमें विवेक, धर्म और नीति का गूढ़ तत्त्व निहित है। आगे कहा भी है :

बिमल बिबेक धरम नय साली।
भरत-भारती मञ्जु मराली।।

यह वाणी मधुर-कोमल है क्योंकि यह अतिशय स्नेह और विनय से सिक्त है, फिर भी कठोर है : इसमें विचार की अपूर्व दृढ़ता है और इसका फलितार्थ कठोर = अप्रीतिकर है। राम के प्रति भरत के प्रेम की अभिव्यक्ति अत्यंत मधुर है। किंतु, यह निर्णय उतना ही कठोर है कि राम के धर्म तथा व्रत का पालन होना चाहिए, क्योंकि इसका सीधा आशय यही है कि राम अयोध्या नहीं लौटेंगे। इस प्रसंग में कुछ काव्य-मर्मज्ञ टीकाकारों ने और भी अधिक विदग्धता का परिचय दिया है। उनका मत है : "सुगम अगम, मृदु कठोर श्री भरत जी की वाणी के विशेषण हैं और मंजु का अन्वय चारों के साथ है। इन चारों में दो-दो का साथ है—सुगम और मृदु का साथ और अगम और कठोर का साथ है। "राम रुख राखि" और "पराधीन मोहि जानि" यह मंजु, सुगम और मृदु हैं। और राम जी का धर्म-व्रत रखना यह (मंजु) सुंदर अगम और कठोर है।"—देखिए 'मानस-पीयूष', तृ.सं., पृ. 1031

इसका तात्पर्य यह है कि मंजुता अथवा सौंदर्य भरत की वाणी का सामान्य गुण व अनिवार्य लक्षण है। चाहे वह सुगम हो या अगम; मृदु हो या कठोर—प्रत्येक स्थिति में उसकी शब्दयोजना में चारुत्व का गुण विद्यमान है।

यह अर्थ सर्वथा निरापद नहीं है। इसमें दो दोष हैं। एक तो यह कि मंजु का अर्थ मृदु से अधिक भिन्न नहीं है : वह व्यापक रूप में सुंदर या सुष्ठु का पर्याय भी हो सकता है किंतु अपने शुद्ध रूप में मृदु या कोमल का ही समानार्थक है। अतः वाक्य-विन्यास की दृष्टि से 'मृदु-मंजु' को एक युग्मपद मानकर उसका अर्थ करना अधिक संगत है। इस प्रकार के समानार्थक शब्द-युग्म का प्रयोग प्रायः होता है। दूसरा दोष उपर्युक्त व्याख्या में यह है कि उसकी सिद्धि के लिए दूरान्वय करना पड़ता है। भाषा में—विशेषकर काव्य-भाषा में समास-गुण उत्पन्न करने के लिए कभी-कभी कवि किसी एक संज्ञा, क्रिया व विशेषण का प्रयोग इस प्रकार करता है कि उसका संबंध विभिन्न पदों के साथ बैठ जाता है। परंतु इस प्रकार के शब्द की स्थिति वाक्य के आरंभ में या फिर ठीक मध्य में होनी चाहिए। उपर्युक्त पंक्ति में यदि 'मंजु' का अन्वय एक ओर सुगम-अगम और दूसरी ओर मृदु-कठोर के साथ करना अभीष्ट होता तो उसकी स्थिति 'मृदु' से पहले होनी चाहिए थी (यद्यपि उससे छंदोभंग हो जाएगा)। प्रस्तुत वाक्यांश में 'मृदु' की स्थिति तो ऐसी हो सकती है

कि उसका संबंध 'सुगम-अगम' और 'मंजु-कठोर' के साथ बैठ जाए; किंतु 'मंजु' के लिए दूरान्वय-साधना करनी पड़ती है जो भाषा के नियमों के अनुकूल नहीं है। फिर भी, उपर्युक्त तथ्यों की यदि हम उपेक्षा कर दें तो टीकाकार की सूझ की दाद दी जा सकती है, क्योंकि उससे सफल वाणी अथवा भाषिक कला के एक सामान्य लक्षण का प्रकाशन होता है : और वह है शब्दार्थ का चारु प्रयोग। मंतव्य चाहे सुबोध हो या गूढ़, मधुर-कोमल हो या कठोर—शब्द-विधान सुंदर होना चाहिए। अगले चरण में दो और गुणों का उल्लेख किया गया है : (1) अरथ अमित और (2) आखर थोरे—यानी गागर में सागर भरने की क्षमता। यह भी वाणी का चरम उत्कर्ष है कि कम-से-कम शब्दों के द्वारा अधिक-से-अधिक अर्थ की अभिव्यक्ति की जा सके। भरत ने अपने शील-स्वभाव के कारण बहुत ही कम शब्दों का प्रयोग किया, किंतु उनमें अत्यंत गहन-गंभीर अर्थ निहित था।

काव्य-भाषा का सामान्य लक्षण

मानस के मर्मज्ञों के अनुसार उपर्युक्त अर्द्धाली अथवा पूरी चौपाई की अर्थव्याप्ति भरत की वाणी से आगे बढ़कर काव्य-वाणी तक सहज ही हो जाती है। उनका मंतव्य है कि यहाँ कवि ने भरत की वाणी के व्याज से अपनी ही काव्य-वाणी अथवा सामान्य काव्य-भाषा के अभीष्ट स्वरूप का विश्लेषण किया है। यह निष्कर्ष स्वाभाविक और तर्कसम्मत है : प्रबंध-कवि यथास्थान, उपयुक्त संदर्भ में, अनुरूप पात्रों के माध्यम से जीवन तथा काव्य-विषयक अपने विचारों की अभिव्यक्ति करता है। तुलसीदास ने भी स्थान-स्थान पर ऐसा किया है। अतः प्रस्तुत चौपाई में 'आदर्श काव्य-भाषा' के विषय में तुलसीदास के विचारों का सार है, ऐसा मानना असंगत नहीं है।

भरत-वाणी के विश्लेषण के अनुसार काव्य-भाषा के चार-पाँच विशेषण तुलसी को अभीष्ट हैं—(1) सुगम, (2) अगम, (3) मृदु (4) कठोर और इन सबमें समान रूप से व्याप्त (5) सुंदर। इनके अतिरिक्त दो-तीन और विशेषताओं का भी स्पष्ट उल्लेख है। ये विशेषताएँ हैं : अर्थ-गौरव और शब्द-लाघव। अंत में, एक विशेष गुण में इन सबका उपसंहार कर दिया गया है : काव्य-भाषा में अर्थ की अभिव्यक्ति इस प्रकार होनी चाहिए जैसे दर्पण में प्रतिबिंब।

इनके क्रमिक विश्लेषण से तुलसी का मंतव्य स्पष्ट हो जाएगा।

1. सुगम

काव्य-भाषा सुगम होनी चाहिए। इसका अर्थ यह है कि उसके वाक्य-विन्यास में

किसी प्रकार का उलझाव या रचना में निविड़ता नहीं होनी चाहिए। शब्द और अर्थ में व्याकरणसम्मत संबंध रहना चाहिए—जिससे वाच्यार्थ अपने-आपमें स्पष्ट हो सके। सुगम का अर्थ है सुबोध : कविता की भाषा का वाच्यार्थ स्पष्ट और सुबोध होना चाहिए, अन्यथा पाठक की उसमें प्रवृत्ति ही नहीं हो सकती।—यह उसका मूल गुण है, जिसके बिना अर्थव्यक्ति संभव ही नहीं है। रीतिवादी आचार्य वामन का 'अर्थव्यक्ति' नामक गुण यही है।

2. अगम

अगम्यता सामान्यतः काव्य-भाषा का गुण नहीं है : काव्य की भाषा दुर्बोध भी नहीं होनी चाहिए, अबोध्य या अगम्य होने का तो प्रश्न ही नहीं है। पर यहाँ भक्त कवि ने उसका एक विशेष संदर्भ में प्रयोग किया है। 'अगम' वास्तव में ब्रह्मविद्या का शब्द है। उपनिषद् आदि में इसका या इसके समानार्थक शब्दों का बार-बार उल्लेख है : परतत्त्व को अगम और अचिंत्य कहा गया है। ब्रह्मविद्या से यह शब्द धर्म और भक्ति-चिंतन के क्षेत्र में आया। "धर्म का तत्त्व चेतना की गुहा में निहित है।" "भगवान्-राम का चरित्र सुगम और अगम है" आदि कथन इसके प्रमाण हैं। भरत की वाणी के लिए 'अगम' विशेषण का प्रयोग इसीलिए किया गया है कि उसमें धर्म के तत्त्व का उल्लेख है। परंतु काव्य-वाणी के संदर्भ में इसका अर्थ कुछ भिन्न होगा। यहाँ अगम वाणी का अर्थ है—सूक्ष्म-गहन अर्थ से युक्त या सूक्ष्म-गहन अर्थ का वहन करने में समर्थ। काव्यार्थ सामान्य जन—यहाँ तक कि विद्वानों—की बुद्धि में भी नहीं आता, वह सहृदय-संवेद्य होता है, उसका मर्म विदग्ध जन ही समझ सकते हैं। इस प्रकार अगम्य का अर्थ होगा—सहृदयगम्य।

3. मृदु अथवा मृदु-मंजु

इसका आशय यही है कि काव्य-भाषा में कोमलकांत पदावली का विशेष महत्त्व है। ऐसी शब्दावली का प्रयोग काव्य में वर्जित है, जिसकी ध्वनि कानों के लिए और अर्थ चित्त के लिए क्षोभकर हो। काव्य-भाषा के मर्मज्ञों ने माधुर्य गुण, पांचाली रीति और कोमल वृत्ति आदि के अंतर्गत इसी गुण का विवेचन किया है। वामन आदि ने ध्वनि या नाद के साथ-साथ अर्थ के अपारुष्य का भी अंतर्भाव कर लिया है : क्षोभकारी वर्ण-ध्वनि ही नहीं, अर्थ-ध्वनि भी काव्य-भाषा के लिए बाधक है।

4. कठोर

इसके अंतर्गत शब्द-योजना की दृढ़ता—गाढ़बंधत्व और—अर्थ की दृढ़ता का समावेश है। केवल कोमलकांत पदावली के आधार पर काव्य-भाषा का निर्माण नहीं हो

सकता। शास्त्रज्ञों ने ओज गुण, गौड़ीया रीति या परुषा वृत्ति में काव्य-भाषा के कठोर स्वरूप की विवेचना की है।

यहाँ एक बात स्पष्ट कर देना आवश्यक है और वह यह कि मृदुता और कठोरता—दोनों ही अपने-आपमें सामान्य या अनिवार्य गुण नहीं हैं। ये दोनों प्रसंग द्वारा अनुबंधित हैं। सही स्थिति यह है कि काव्य-भाषा में यथाप्रसंग कोमलकांत तथा ओजोदीप्त दृढ़-कठोर पदावली का प्रयोग होना चाहिए।

उपर्युक्त परस्पर-विरोधी विशेषणों की एक और तर्कसंगत व्याख्या हो सकती है : प्रौढ़ काव्य-भाषा के निर्माण में मृदु-मंजु और कठोर—दोनों प्रकार की शब्दावली का समन्वय रहता है। केवल कोमल वर्णों के प्रयोग से भाषा अशक्त हो जाती है और केवल परुषा वृत्ति के प्रयोग से उसकी सरसता को आघात पहुँचता है। इसीलिए वामन ने पांचाली और गौड़ीया रीतियों को गौण माना है और इन दोनों के तत्त्वों से निर्मित, समंजस, वैदर्भी कृति को काव्य का प्राण-तत्त्व कहा है। अतः काव्य-भाषा के प्रसंग में मृदु और कठोर विशेषणों को स्वतंत्र रूप से ग्रहण नहीं करना चाहिए : या तो उनके साथ प्रसंग का अनुबंध लगा देना चाहिए या फिर दोनों के द्वंद्व को एक साथ ग्रहण करना चाहिए।—काव्य की भाषा यथासंभव मृदु एवं कठोर होनी चाहिए—अथवा यह कहें कि काव्य-भाषा में मार्दव और काठिन्य, दोनों का उचित समाकलन होना चाहिए।

5. मंजु

मंजु को यदि पृथक् विशेषण माना जाए और उसकी संगति अन्य चारों विशेषणों के साथ लगाई जाए तो, जैसा कि भरत-वाणी के संदर्भ में मैंने स्पष्ट किया है, इसका अर्थ यह होगा कि सुगम-अगम, मृदु-कठोर—प्रत्येक स्थिति में काव्य-भाषा में शब्दार्थ का सम्यक् एवं सुष्ठु प्रयोग होना चाहिए। चारु शब्द-विधान काव्य-भाषा का अनिवार्य लक्षण या व्यावर्तक धर्म है।

6. 'अरथ अमित' और 'आखर थोरे'

'अरथ अमित' के लिए शास्त्रीय शब्द है अर्थ-गौरव। वामन ने अर्थगुण 'श्लेष' में इसी का निरूपण किया है। 'आखर थोरे' के लिए शास्त्रीय शब्द है समास-गुण। ये दोनों ही काव्य-भाषा के प्रधान तत्त्व हैं। भावार्थ की गरिमा के बिना भाषा की शक्ति क्षीण हो जाती है और समास-गुण के अभाव में वह बिखर जाती है। वास्तव में ये दोनों गुण अन्योन्याश्रित हैं : अर्थ-गौरव के समावेश से भाषा में शब्द-लाघव की सिद्धि अपने-आप ही हो जाती है। ज्यों-ज्यों कवि की भाषा का विकास होता है, उसमें उपर्युक्त दोनों गुणों के कारण प्रौढ़ि और परिपाक का समावेश होता जाता

है : शब्द-विधान में निमज्जित होकर अर्थ उसमें शक्ति का संचार करता है—जैसे कि 'विनयपत्रिका' में। इस दृष्टि से कुछ समीक्षकों का मत है कि कवि के कृतित्व के विकास का आकलन उसकी भाषा के विकास के आधार पर ही किया जा सकता है।

अंत में, द्वितीय अर्द्धाली में कवि ने अपने विचारों का उपसंहार कर दिया है : काव्य की भाषा में अर्थ इस प्रकार स्पष्ट झलकता है, जैसे दर्पण में प्रतिबिंब। अर्थात् उसका वाच्यार्थ एकदम प्रत्यक्ष और स्पष्ट होता है। किंतु, जिस प्रकार साफ़-साफ़ दीखने पर भी प्रतिबिंब को पकड़ना संभव नहीं है, इसी प्रकार काव्य के व्यंग्यार्थ को पकड़ना अर्थात् उसकी इयत्ता को नियत कर देना संभव नहीं है : वाच्यार्थ नियत और मूर्त होता है, किंतु व्यंग्यार्थ अनियत और सूक्ष्म होता है। इसीलिए वाच्यार्थ के बिंबों को रिचर्ड्स ने 'परिबद्ध' और व्यंग्यार्थ के बिंबों को 'स्वच्छंद' माना है। वाच्यार्थ सीमित होता है, किंतु व्यंग्यार्ध असीम होता है : वह बोध-वृत्ति का अतिक्रमण करता हुआ कल्पना पर आरूढ़ होकर असीम बन जाता है। इसीलिए सौंदर्य के स्वरूप को पारमार्थिक न मानकर प्रातिभासिक माना गया है—अर्थात् वह वस्तुगत न होकर प्रतीतिगत ही होता है।

आधुनिक समीक्षा तथा शैलीविज्ञान में काव्य-भाषा के इन गुणों पर विशेष बल दिया गया है। उनके अनुसार काव्य-भाषा के प्रमुख तत्त्व हैं : विरोधाभास—जहाँ विपरीतार्थक शब्दों के सह-प्रयोग के द्वारा चमत्कार की सृष्टि की जाती है; अनेकार्थता, जिसके अंतर्गत एक शब्द, वाक्यांश या वाक्य में अनेक अर्थों की व्यंजना निहित रहती है; शब्दार्थ-संतुलन जहाँ शब्द और अर्थ में परस्पर स्पर्धा-सी बनी रहती है और शब्द के निहित अर्थ तथा विहित अर्थ, दोनों के विस्तार में एक प्रकार का तनाव-सा पैदा हो जाता है।—आप देखेंगे कि तुलसीदास ने अपने ढंग से किस कौशल के साथ उपर्युक्त भाषिक गुणों की ओर संकेत किया है। सुगम-अगम, मृदु-कठोर विपरीतार्थक शब्द हैं जिनके सह-प्रयोग द्वारा काव्य-भाषा में विरोधाभास के चमत्कार को रेखांकित किया गया है। 'अगम' शब्द का संदर्भ एक ओर ब्रह्मविद्या तथा धर्म-नीति के गूढ़तत्त्वों से और दूसरी ओर काव्य-तत्त्व के साथ जुड़ा हुआ है : दोनों स्थितियों में वह 'असाधारण' अर्थ का द्योतन करता है। अंत में मुकुर-प्रतिबिंब की उपमा द्वारा काव्य के अंतर्मुख अर्थ-विस्तार और बहिर्मुख अर्थ-विस्तार के संतुलन की मार्मिक व्यंजना हुई है।

प्रस्तुत प्रसंग में एक बात और ध्यान देने योग्य है। तुलसीदास ने इस प्रकार के सैद्धांतिक वक्तव्यों में 'शब्द' का प्रयोग न कर 'अक्षर' (आखर) या 'वर्ण' का ही प्रयोग किया है :

1. **आखर अरथ** अलंकृति नाना।
2. कबिहि अरथ **आखर** बलु साँचा।

3. **वर्णनामर्थसंघानां** रसानां छंदसामपि।

यह प्रयोग काव्यशास्त्र की परंपरा से भिन्न है, क्योंकि वहाँ तो निरंतर 'शब्द' का ही प्रयोग हुआ है : 'शब्दार्थौ काव्यम्' सूत्र का प्रचलन आरंभ से अंत तक रहा है। इसके दो कारण हो सकते हैं। एक तो यह कि सामान्यतः 'शब्द' में अर्थ की सत्ता निहित रहती है, अतएव अर्थ से भेद करने के लिए उसका प्रयोग न कर 'अक्षर' अथवा 'वर्ण' का प्रयोग किया है। इसी भ्रम का निवारण करने के लिए अब पश्चिम में 'वर्ड' और 'मीनिंग' के स्थान पर 'साउंड और सेंस' का अधिक प्रचलन हो गया है। दूसरा कारण यह हो सकता है कि संस्कृत-वाङ्मय में आरंभ में 'अक्षर' का प्रयोग 'वाक्' के और कुछ समय बाद 'शब्द' के लिए भी हुआ है : **ऋचो अक्षरे परमे व्योमन्** (ऋ. प्र. म.)। कारण कुछ भी हो रहा हो, पर तुलसीदास का इस विषय में विशेष आग्रह था, इसमें संदेह नहीं।

हमारे मत से, उक्त अर्द्धाली के आलोक में तुलसी के काव्य-भाषा-विषयक विचारों का सार-संकलन यही है। और, इसमें संदेह नहीं कि यह सहजानुभूति से प्रेरित और शास्त्रचिंतन से परिपुष्ट है।

भारतीय रामायण-काव्य की परंपरा और रामचरितमानस

महाकाव्य विश्व के प्रत्येक प्राचीन देश की सभ्यता-संस्कृति की अभिव्यक्ति का प्रबल माध्यम रहा है। भारत के रामायण और महाभारत और उधर यूनानी कवि होमर के इलियद और ओदिस्सी इस तथ्य के उज्ज्वल प्रमाण हैं। इन महाकाव्यों के कथानक अपने-अपने देश के राष्ट्रीय इतिहास पर आद्धृत अवश्य हैं किंतु उनमें जातीय मिथकों का अंतर्गुंफन आरंभ से अंत तक मिलता है। इलियद और ओदिस्सी में यूनान की मिथक-कथाएँ अनुस्यूत हैं और रामायण-महाभारत में भारतीय मिथकों—मुख्यतः वैदिक मिथकों का ताना-बना आरंभ से अंत तक बुना हुआ है। रचना का रूप-आकार धारण करने से पहले लौकिक-अलौकिक तत्त्वों से गुंफित ये कथाएँ मौखिक परंपराओं के रूप में प्रचलित रही थीं। अतः इन महाकाव्यों की रचना सार्वजनिक प्रस्तुति के उद्देश्य से वाचन-शैली में की गई है। रामायण में तो इस तथ्य का स्पष्ट रूप से उल्लेख ही कर दिया गया है कि लव और कुश ने जनसमाज तथा राजसभा में इसका वाचन किया था।

मौखिक परंपरा से संबद्ध रहने के कारण इन महाकाव्यों के कलेवर का निरंतर विकास होता रहा है। इसलिए मूलतः एक कवि के कृतित्त्व से मुद्रांकित होने पर भी वे अपने मूल रूप की रक्षा नहीं कर सके हैं। इसी दृष्टि से इन्हें विकसनशील महाकाव्य कहा गया है। मध्यकाल में रचित बियोवुल्फ और इधर पृथ्वीराजरासो इसी कोटि के महाकाव्य हैं। मूलतः वाल्मीकि और व्यास ऋषियों की रचना होने के कारण भारत में ये आर्ष महाकाव्य के नाम से प्रसिद्ध रहे हैं। इन रचनाओं में महाकाव्य विधा के विकास का पहला रूप मिलता है।

उपर्युक्त महाकाव्य संख्या में अल्प होने पर भी परवर्ती महाकाव्यों के मूलस्रोत

रहे हैं। यूरोप में यूनानी-रोमी संस्कृति को मसीही संस्कृति ने एक प्रकार से आच्छादित कर दिया था, इसलिए इलियद और ओदिस्सी का प्रभाव भी सीमित हो गया। परंतु भारत में रामायण और महाभारत अद्यतन महाकाव्यों के उद्‌गम और प्रेरणा के स्रोत रहे हैं।

भारत में रामायण से प्रभावित महाकाव्यों की परम्परा 'रघुवंश' आदि से आरंभ होकर आधुनिक भाषाओं की 'साकेत', 'रामायण कल्पवृक्षम्' तथा 'श्रीरामायण दर्शनम्' आदि कृतियों तक निरंतर प्रवहमान है।

कालिदास के 'रघुवंश' की कथा का विस्तार समस्त रघुवंश की गौरवगाथा तक व्याप्त है। 'रघुवंश' में राम की कथा का वर्णन केवल पाँच सर्गों में (दस से पंद्रह तक) है, शेष सर्गों में राम के पूर्ववर्ती दिलीप, रघु, अज आदि प्रतापी नरेशों और परवर्ती अनेक राजाओं का वर्णन है। इसी दृष्टि से 'रघुवंश' के अधिकारी आलोचकों ने इस महाकाव्य का नायक रघु या राम को न मानकर समस्त रघुवंश को ही माना है। इसके अतिरिक्त दो काव्य ऐसे भी हैं जिनकी कथावस्तु रामायण के युद्धकांड तक ही सीमित है :

(1) प्रवरसेन-कृत प्राकृत काव्य 'सेतुबंध' और (2) बंगला कवि माइकेल मधुसूदन दत्त का प्रसिद्ध महाकाव्य 'मेघनाद-वध'। 'सेतुबंध' का दूसरा नाम 'रावण-वध' या 'दशमुख-वध' (दहमुह वह) है। केवल रावण-वध की घटना पर आश्रित होने पर भी प्राकृतिक वैभव और भौतिक ऐश्वर्य से मंडित यह काव्य कवि की उर्वर कल्पना का चमत्कार है। 'मेघनाद-वध' को राम-काव्य केवल व्यतिरेक-पद्धति से ही कहा जा सकता है क्योंकि इसमें रावण और उसके पुत्र मेघनाद—विशेष रूप से मेघनाद के ही अपूर्व शौर्य और चारित्र्य का यशोगान है।

शेष नौ महाकाव्य संपूर्ण राम-कथा को लेकर चलते हैं और उन्हें सहज ही 'रामायण-काव्य' कहा जा सकता है। इनमें अनेक मध्यकाल की रचनाएँ हैं और कुछ वर्तमान काल की। मध्यकालीन काव्यों में तमिल भाषा की 'कंब-रामायण' और मलयालम की 'अध्यात्म-रामायण' का संबंध दाक्षिणात्य प्रदेश से है। असमिया की 'कंदलि-रामायण' और कृत्तिवास ओझा की बंगला रामायण की रचना पूर्वांचल प्रदेश में हुई है। इधर तुलसी के 'रामचरितमानस', मराठी कवि एकनाथ-कृत 'भावार्थ रामायण' के रचना-क्षेत्र क्रमशः मध्यदेश (सामान्यतः वर्तमान उत्तर प्रदेश) और महाराष्ट्र हैं।

अपभ्रंश-काव्य 'पउमचरिउ' के रचनाकार स्वयंभू का कार्यक्षेत्र अनुमानतः दक्षिण भारत ही था। इन सभी काव्यों पर अपने-अपने परिवेश का गहरा धार्मिक, सांस्कृतिक और सामाजिक प्रभाव लक्षित होता है। पूर्वांचल के काव्यों का आधार प्रायः वाल्मीकि रामायण का 'गौड़ीय संस्करण' रहा है और उनमें इस प्रदेश की धार्मिक-सांस्कृतिक प्रवृत्तियों तथा लोकाचार आदि का वर्णन स्थान-स्थान पर मिलता

है। असम और बंगाल दोनों प्रदेशों में शक्ति की उपासना अत्यंत लोकप्रिय थी और वैष्णव कवियों के लिए उसके साथ अपनी आस्थाओं का समन्वय करना एक प्रकार से आवश्यक था। इसी दृष्टि से कृत्तिवास ने अपने काव्य में राम द्वारा शक्ति की साधना का प्रसंग जोड़ दिया है जिसमें राम शक्ति की वंदना करते हैं और प्रकट होने पर महाशक्ति भी राम का स्तवन करती हैं। इसके अतिरिक्त, पूर्वांचल प्रदेश के व्रत-सस्कार आदि का भी यथास्थान वर्णन है। विवाह के समय भद्र परिवार की महिलाएँ 'उल्लूर ध्वनि' करती हैं और वस्त्राभूषण भी वही धारण करती हैं, जिनका वहाँ आज भी प्रचलन है। तुलसीदास के 'रामचरितमानस' में उत्तर भारत में व्याप्त निर्गुण और सगुण संप्रदायों का विवाद तथा वैष्णव और शैव मतों के पारस्परिक वैमनस्य का स्पष्ट उल्लेख मिलता है। 'भावार्थ-रामायण' पर महाराष्ट्र में व्याप्त अद्वैत दर्शन का प्रभाव अनिवार्य रूप से पड़ा है, जिसके फलस्वरूप रामायण के विभिन्न पात्र प्रतीकात्मक बन गए हैं। स्वयंभू ने तो संकल्पबद्ध होकर जैन धर्म के प्रचार के लिए 'पउमचरिउ' की रचना की है। 'कंब-रामायण' में जैन-मतावलंबियों के विरोध को निरस्त कर ब्राह्मण धर्म की गौरव-प्रतिष्ठा का प्रयास स्पष्ट लक्षित होता है। उस समय के धार्मिक-सांस्कृतिक परिवेश की यह अत्यंत प्रमुख घटना थी। आधुनिक युग के दोनों महाकाव्य—तेलुगु कवि विश्वनाथ सत्यनारायण का 'रामायणकल्पवृक्षम्' तथा कन्नड़ कवि कुवैम्पुकृत 'श्रीरामायणदर्शनम्'—इस युग की बहुमान्य दार्शनिक प्रवृत्तियों और प्रचलित मनोवैज्ञानिक प्रतिपत्तियों से प्रभावित हैं। आधुनिक युग की बहुमान्य दार्शनिक प्रवृत्तियाँ हैं—गांधी का आध्यात्मिक मानववाद और श्री अरविन्द का ऊर्ध्वचेतना पर आधृत नव्य-चिद्वाद। मानववाद मनुष्य के सामान्य दोषों का मनोविज्ञान के आलोक में सहानुभूतिपूर्ण आख्यान कर उनके परिहार का प्रयास करता है। वर्तमान युग के अधिकांश प्रबुद्ध कवियों ने प्राचीन वाङ्मय के अभिशप्त पात्रों का इसी दृष्टि से चरित्र-प्रक्षालन किया है। रामायण के अभिशप्त पात्र हैं—अयोध्या में कैकेयी और मंथरा और लंका में रावण तथा अन्य राक्षस। विश्वनाथ सत्यनारायण और कुवैम्पु दोनों ने इनके दोषों के परिमार्जन का सुंदर प्रयास किया है। कैकेयी मात्सर्य के कारण नहीं, वरन् राम के प्रति प्रगाढ़ प्रेम के कारण, उनके उत्कर्ष के लिए लोक की निन्दा और परिवार की भर्त्सना कृतसंकल्प होकर स्वीकार कर लेती है। मंथरा के लिए भी बहुत कुछ इसी प्रकार का तर्क दिया गया है। वह भी राम के अभ्युदय के लिए सब कुछ करती और सहती है। ये दोनों नारी पात्र इस विषय में आश्वस्त हैं कि राम का उत्कर्ष अयोध्या के राज-वैभव के उपभोग में नहीं है—उन्हें तो अधर्म का नाश कर धर्म की स्थापना करनी है। कुवैम्पु का रावण मानव-चेतना की ही एक वृत्ति का प्रतीक है जो राम द्वारा आहत होने पर अंत में उनमें ही विलीन हो जाती है। वह सीता के चरित्र से इतना अधिक प्रभावित है कि राम का वध नहीं करना चाहता—वरन् उन्हें पराजित कर सीता को

उपहार रूप में देना चाहता है। राम का ब्रह्मास्त्र जब उसके वक्षस्थल में आकर लगता है तो वह उसको लेकर मंदोदरी के पास दौड़ आता है और जैसे ही मंदोदरी उसे निकालती है, रावण की आत्मा राम में विलीन हो जाती है। विश्वनाथ सत्यनारायण ने अहल्या-प्रसंग को एक नवीन मनोवैज्ञानिक आलोक से मंडित कर दिया है। गौतम के शाप से अहल्या वाच्यार्थ में नहीं, वरन् लक्ष्यार्थ में ही शिला-रूप धारण करती है अर्थात् शब्द, स्पर्श, रस, रूप, गंध की समस्त वृत्तियों के जड़ हो जाने के कारण वह इंद्रिय चेतना से रहित शिलावत् हो जाती है। अतः जब उसे राम का सान्निध्य प्राप्त होता है तो उनकी पदध्वनि से शब्द की चेतना जाग्रत हो जाती है, स्पर्श से स्पर्श-चेतना, मनोभिराम रूप के दर्शन से रूप की चेतना, शरीर की सुवास से गंध की चेतना उद्बुद्ध हो जाती है, और अंत में, राम को साक्षात् रूप में देखकर उसकी आत्मा में उपनिषद् में वर्णित आनंद-रस का आविर्भाव हो जाता है। युग-युग से प्रचलित इस जड़ प्रसंग का ऐसा सुंदर, सजीव आख्यान मनोविज्ञान के आलोक में ही संभव था।

उपर्युक्त महाकाव्यों में वर्णित रामकथा में कवि-प्रतिभा ने अनेक उद्भावनाएँ भी की हैं, जिनमें से कुछेक अत्यंत आकर्षक हैं। 'कंब-रामायण' में रावण सीता-हरण के समय उनका स्पर्श नहीं करता, वरन् सीता की कुटीर के समस्त भूखंड को ही उठाकर ले जाता है। कृत्तिवास रामायण में रावण ब्रह्मा से ब्रह्मास्त्र प्राप्त करता है और यह सूचना मिलने पर कि उसका वध इसी ब्रह्मास्त्र से होगा, उसे अपने भवन के खंभे में चिनवा देता है। किंतु हनुमान छद्मवेश धारण कर मंदोदरी से यह रहस्य जान लेते हैं, और खंभा तोड़कर ब्रह्मास्त्र ले जाते हैं, अंत में जिससे रावण का वध होता है। जैन कवि स्वयंभू ने 'पउमचरिउ' में रामकथा को सांप्रदायिक रंग में रंग दिया है। यहाँ रावण का वध लक्ष्मण करते हैं, राम नहीं। अंत में, राम और सीता दोनों ही जैन धर्म में दीक्षा ग्रहण करके शान्ति लाभ करते हैं। ये उद्भावनाएँ मतवाद से प्रेरित होने के कारण कृत्रिम और आरोपित बन गई हैं।

राम-काव्य के परवर्ती लेखकों को वाल्मीकि रामायण के अतिरिक्त महाभारत, पुराण, रघुवंश, अध्यात्म रामायण आदि अनेक ग्रंथों का आधार प्राप्त रहा है। स्वभावतः उन्होंने अपने देशकाल तथा व्यक्तिगत रुचि-संस्कार आदि के आधार पर यथास्थान नवीन उद्भावनाएँ भी की हैं। मध्ययुग में धार्मिक प्रवृत्ति अधिक प्रबल थी, जबकि नए कवियों ने मानववादी विचारधारा तथा मनोवैज्ञानिक अवधारणाओं का मनोयोग के साथ उपयोग किया है। इस प्रकार रामकथा के विषय में जहाँ तुलसीदास की उक्ति 'हरि अनंत हरि कथा अनंता' चरितार्थ हो जाती है, वहाँ मैथिलीशरण गुप्त का यह कथन भी स्वयंसिद्ध हो जाता है :

राम तुम्हारा चरित स्वयं ही काव्य है,

कोई कवि बन जा सहज संभाव्य है।

रामायण काव्यों में दो महाकाव्य ऐसे हैं जिनके रूपबंध में शास्त्रीय महाकाव्यों की अपेक्षा स्पष्ट अंतर लक्षित होता है। ये दो महाकाव्य हैं—स्वयंभू का 'पउमचरिउ' और तुलसीदास का 'रामचरितमानस'। मध्ययुग में पुराण-पुरुषों और धर्म-नायकों की काव्यबद्ध जीवन-गाथाएँ लिखने की व्यापक परंपरा आरंभ हो गई थी। इस युग में जैन कवियों ने तीर्थंकरों के जीवनचरित पर अनेक काव्य प्राकृत तथा अपभ्रंश भाषाओं में प्रस्तुत किए हैं। इनका अपना विशेष रूपबंध और उसके अनुरूप अपनी विशेष शैली है। इस प्रकार मध्ययुग में, प्रबंध-काव्य की एक नई विधा चरित-काव्य का आविर्भाव हुआ और इस विधा में अनेक प्रबंध-काव्य लिखे गए जिनका रूपविधान संस्कृत के महाकाव्यों से भिन्न है। 'पउमचरिउ' और 'रामचरितमानस' इसी कोटि के महाकाव्य हैं। इन दोनों के तुलनात्मक अध्ययन से यह स्पष्ट हो जाता है कि तुलसीदास ने शास्त्रनिष्ठ शैली की अपेक्षा पुराण शैली और 'पउमचरिउ' आदि काव्यों की चरित शैली को ही अधिक प्रश्रय दिया है।

रामचरितमानस का वैशिष्ट्य

रामायण-महाकाव्यों की भव्य परंपरा में रामचरितमानस का अपना वैशिष्ट्य और गौरवपूर्ण स्थान है। इस वैशिष्ट्य के दो आधार हैं—(1) आध्यात्मिक स्तर पर राम के ब्रह्मत्व में तुलसी की अविचल आस्था और (2) ऐहिक स्तर पर लोक-मंगल की उत्कट भावना। इन्हीं दोनों विशेषताओं के कारण मानस संपूर्ण भारतवर्ष में शताब्दियों से लोकप्रिय रहा है। जैसाकि आरंभ में ही उल्लेख किया जा चुका है, महाकाव्य के पाँच प्रमुख घटक हैं : कथाविधान, चरित्र-कल्पना, भाव-संपदा, कार्य अथवा उद्देश्य और उनके संवहन करने में समर्थ शैली।

संस्कृत के आचार्य कुंतक ने प्रबंध-काव्य को मौलिक रूप देने के लिए कवि को दो प्रकार के अधिकार प्रदान किए हैं : विद्यमान का संशोधन और अविद्यमान की कल्पना। कवियों की मौलिक प्रतिभा, कथा-योजना, चरित्र-कल्पना और रस-विधान—सभी में इन दोनों अधिकारों का प्रयोग करती रही है। तुलसीदास ने मानस में अविद्यमान की कल्पना तो अधिक नहीं की। बालकांड में शिव-पार्वती के अतिरिक्त तीन अन्य वक्ता-श्रोता युग्म, सती-पार्वती मिथक और उत्तरकांड में ज्ञान-भक्ति तथा निर्गुण-सगुण तत्त्वों का विस्तृत विवेचन ही सामान्यतः इस कोटि में आते हैं। किंतु विद्यमान का संशोधन उन्होंने कथा-योजना, चरित्र-कल्पना और

रस विधान—प्रबंध-काव्य के इन तीनों घटकों के अंतर्गत, अपनी चिंतन-पद्धति और काव्य-चेतना के अनुसार, अत्यंत सतर्क होकर किया है। कथा-योजना और चरित्र-कल्पना का अन्योन्याश्रय संबंध है, क्योंकि घटनाएँ जहाँ पात्रों के चरित्र के अनुसार घटित होती हैं, वहाँ पात्रों के चरित्र का निर्णय घटनाओं के द्वारा ही होता है। अतः इन दोनों का युगपद-विवेचन ही अधिक संगत है।

कथा-योजना और चरित्र-कल्पना

मानस की मूल कथा की सामान्य रूपरेखा वाल्मीकि रामायण पर ही आधृत है—दशरथ का पुत्रेष्टि यज्ञ, पुत्र-जन्म, विश्वामित्र के यज्ञ की रक्षा—ताड़का-खर-दूषण आदि का वध, धनुषयज्ञ, विवाह, अभिषेक का प्रस्ताव, कैकेयी-वर-याचना, वनगमन, अनेक ऋषियों से भेंट, अहल्या-उद्धार, पंचवटी-प्रसंग, शूर्पणखा का विरूपीकरण, कंचन-मृग रूप में मारीच द्वारा प्रवंचना, सीता-हरण, जटायु-मिलन, सुग्रीव-मैत्री और बालि-वध, सेतु-निर्माण, हनुमान द्वारा लंकादहन, लंका पर आक्रमण और कुंभकर्ण आदि का वध, लक्ष्मणशक्ति, मेघनाद और रावण का संहार, सीता की मुक्ति, अयोध्या-आगमन, राज्याभिषेक और प्रजापालन—आदि वाल्मीकीय प्रसंगों को यथावत् ग्रहण कर लिया गया है। किंतु तुलसीदास ने उनमें अपनी मूल मनोवृत्ति—भक्ति-भावना का रंग अवश्य दे दिया है।

वाल्मीकि रामायण के अतिरिक्त तुलसीदास ने पद्मपुराण आदि पौराणिक ग्रंथों का, प्रसन्नराघव, महानाटक आदि ललित साहित्य-ग्रंथों का, दर्शन तथा नीति के निर्वचनों में शास्त्रों तथा स्मृतियों का मुक्त भाव से उपयोग किया है। अतः मानस के कथा-विधान में परिवर्तन हो गया है। अधिकांश भाषा रामायणों के समान मानस में भी भूमिका-रूप इक्ष्वाकुवंश की विस्तृत परंपरा का वर्णन नहीं है और अनेक अवांतर आख्यान छोड़ दिए गए हैं। जनक-वाटिका प्रसंग का समावेश प्रसन्नराघव में प्रेरणा ग्रहण कर किया गया है—इसमें संदेह नहीं, किंतु ऐसा कथा में 'प्रथम-दर्शन-जन्य' प्रेम का रोमानी प्रभाव मात्र उत्पन्न करने के लिए नहीं किया गया, जैसाकि आचार्य रामचंद्र शुक्ल ने संकेत किया है। सीता के हृदय में अंकुरित यह पूर्वराग प्रीति-पुरातन का आविर्भाव है, जिसके मूल में राम-सीता के 'अवतार रूप' की स्वीकृति विद्यमान है। इसी प्रकार रावण द्वारा माया-सीता के हरण का प्रसंग भी सीता के आदि शक्ति रूप को रेखांकित करने के उद्देश्य से किया गया है। इसका आधार 'अध्यात्म-रामायण' है। किंतु तुलसीदास ने यहाँ भी एक ओर अपनी

भक्ति-भावना और दूसरी ओर वस्तु-कल्पना का प्रमाण दिया है। जब राम मारीच का आखेट करने जाते हैं तो सीता उनके ही आदेश से, राक्षसों के आतंक से बचने की दृष्टि से अग्नि में प्रवेश कर जाती हैं और पर्णकुटी में जो रह जाती है, वह माया-सीता मात्र है। रावणवध के बाद जब सीता का उद्धार होता है, तो राम उनकी अग्नि-परीक्षा का आदेश नहीं देते, वरन् सीता लक्ष्मण के द्वारा अग्नि-प्रज्वलित कराने के बाद उसमें स्वयं प्रवेश करती हैं—और उसके उपरांत जो सीता प्रकट होती है, यह वास्तविक सीता है—माया-सीता नहीं। इस उद्भावना से एक ओर सीता के गौरव की रक्षा होती है क्योंकि लोकविश्वास के लिए अग्नि-परीक्षा से सीता जैसी सती का अपमान ही होता है—और दूसरी ओर राम भी सीता के प्रति संदेह के आभास मात्र के दोष से मुक्त हो जाते हैं, क्योंकि अग्नि में प्रवेश कर माया-सीता का तिरोभाव और वास्तविक सीता का आविर्भाव तो अंत में होना ही था।

इसी प्रकार सीता-परित्याग के प्रसंग का मानस से सर्वथा बहिष्कार कर तुलसीदास ने राम के गौरव की रक्षा की है। इस प्रसंग के मूल में जो प्रवाद प्रचलित हैं, वे इतने कमजोर हैं कि राम जैसे धीमान, न्यायमूर्ति नरेश के लिए उन पर किसी तरह भी ध्यान देना असंगत प्रतीत होता है—इसलिए सीता-परित्याग के पूरे प्रकरण की राम-चरित्र के संपूर्ण विधान के साथ संगति नहीं बैठती। लेकिन राम-कथा के मूल उत्स वाल्मीकि-रामायण में यह आख्यान अविकल रूप में विद्यमान है। अतः प्रायः सभी भाषाओं के रामायण-काव्यों में इसका वर्णन मिलता है, जो सहृदय पाठक के चित्त में करुणा का उद्रेक ही नहीं करता वरन् राम के विवेक और न्याय-निष्ठा के प्रति संदेह की भावना भी उत्पन्न कर देता है। मध्ययुग के शीर्षस्थ असमिया कवि शंकर देव की रामायण में इस हृदयद्रावक प्रसंग की एक झाँकी देखिए :

कुश-लव को गले से लगा कर
सीता शोक से रो उठीं,
तुमको बड़ा नहीं कर पाई
देव ने दंडित किया मुझे।

मेरे लिए बेटा, चिंता न करना
मेरा भाग्य ही ऐसा है,
तुम दोनों के दुःख दुर्गति ले जा रही हूँ
मेरी आयु लेकर जीना।

कुलक्षिणी सीता पाताल जा रही है
मेरी ओर देखो,

ऐसा कह फूट-फूट रोईं
दोनों पुत्रों को गले लगा कर।
क्षण भर बाद आँख-मुँह
आँचल से पोंछ कर
चित्त को दृढ़ कर जानकी गोस्वामिनी
हुईं शोक और मोह से रहित।

परम आदर से तीन बार की
राम की परिक्रमा,
चरणधूलि केशों पर मली
फिर प्रणाम कर बोलीं।

प्रभु, सुख-पूर्वक भोगना राज्य
मैं जा रही हूँ पाताल,
हृदय के खेद से जो कुछ कह दिया
यह मेरा दोष क्षमा करना।

तुलसी की भक्ति-भावना के लिए यह असह्य था। इसलिए गीतावली के कुछ-एक पदों को छोड़ कर उन्होंने इस प्रसंग का कहीं उल्लेख नहीं किया। इस संदर्भ में मुझे अनायास ही एक घटना का स्मरण हो आता है : आधुनिक युग में रामकथा के सर्वश्रेष्ठ उद्गाता मैथिलीशरण गुप्त ने अपने बगीचे से अशोक का वृक्ष इसलिए हटा दिया था क्योंकि उसे देख कर उन्हें सीता की व्यथा का स्मरण होता था। जब बुद्धि-प्रधान आधुनिक युग के कवि के लिए सीता की व्यथा की कल्पना मात्र असह्य हो सकती थी, तो मध्ययुग के कवि की समर्पित भावना सीता-परित्याग के प्रसंग का वर्णन कैसे कर सकती थी ?

राम के उज्ज्वल चरित्र पर प्रश्न-चिह्न लगाने वाला एक अन्य प्रसंग है—शंबूक-वध। वाल्मीकि रामायण में तो इसका स्पष्ट वर्णन है ही, अनेक भाषा-रामायण भी इसका बहिष्कार नहीं कर सकीं। एकनिष्ठ करुण-रस के कवि भवभूति ने भी इसका उल्लेख किया है—किंतु यह उल्लेख सहज रूप में नहीं वरन् राम के हृदय में करुणामिश्रित ग्लानि का उद्रेक करने के उद्देश्य से ही किया गया है। तुलसीदास की भक्ति-भावना और नैतिक चेतना—दोनों को ही इस प्रकार का प्रसंग ग्राह्य नहीं हो सकता था।

रस-विधान

मानस के रस-विधान में भी तुलसीदास की मौलिक प्रतिभा का प्रमाण मिलता है। सामान्यतः मानस के आधार-ग्रंथ दो हैं : वाल्मीकि-रामायण और अध्यात्य-रामायण। वाल्मीकि-रामायण का प्रधान रस करुण है। धीरोदात्त नायक के सभी भव्य कर्म महत्तर जीवन-मूल्यों की प्रतिष्ठा, अधर्म का नाश और धर्म का संस्थापन आदि–अंत में सीता की भूमि-समाधि और उसके परिणाम-स्वरूप राम भी जल-समाधि की करुणा में विलीन हो जाते हैं। अध्यात्म-रामायण का मूल रस अध्यात्मसंवलित भक्ति है जिसे बाद में चलकर वैष्णव आचार्यों ने रसराट् के पद पर प्रतिष्ठित कर दिया है।

मानस में दोनों रसों का पूर्ण परिपाक है। मानस महाकाव्य भी है और भक्ति-काव्य भी। महाकाव्य का प्रधान रस वीर है : शृंगार-वीर शांतानामेको रस अंगी इष्यते। काव्य के नायक राम हैं जिनके चरित्र के आधार पर शास्त्र के आचार्यों ने धीरोदात्त नायक की कल्पना की है। उनके चरित्र में शौर्य, दान, दया और धर्म चारों गुणों का चरम रूप मिलता है–अतः नायक के चरित्र के अनुरूप मानस में युद्ध, दान, दया तथा धर्म–इन चारों अंगों से परिपुष्ट वीर रस के परिपूर्ण रूप का विकास लक्षित होता है। किन्तु भक्त कवि का अंतिम लक्ष्य तो महाकाव्य की रचना न होकर भक्ति की साधना ही है : ग्रंथ का आरंभ भक्ति की उच्छ्वासपूर्ण उद्दीप्तियों से होता है और उसका समाहार भी भक्ति की प्रतिष्ठा के साथ ही होता है। महाकाव्य के नायक जहाँ यह घोषणा करते हैं कि :

निसिचर हीन करहु भुइ, भुज उठाय प्रन कीन्ह।

वहाँ कवि बार-बार कहता है :

कवि न होउ नहिं चतुर कहावौं
मति-अनुरूप राम-गुन गावौं।

या–

भनिति मोर सब गुन रहित, बिस्व-विदित गुन एक।

और वह गुण है :

इहिं महिं रघुपति नाम उदारा।

उनकी स्पष्ट धारणा है कि :

भनिति बिचित्र सुकवि-कृत जोऊ।
राम-नाम बिनु सोह न सोऊ।।

अतः उनका विश्वास है कि उसकी रचना को राम-भक्ति की अभिव्यंजना के कारण ही सज्जनों की अनुशंसा प्राप्त होगी :

राम-भगति-भूषित जिय जानी।
सुमिरहिं सुजन सराहिं सुबानी।।—बालकाण्ड-भूमिका

'रामचरितमानस' के रस-विधान का यह द्वंद्व भक्त-कवि के लिए एक बड़ी चुनौती था जिसका समाधान उसने अपनी प्रतिभा के मौलिक चमत्कार के द्वारा कर लिया है। 'मानस' की रचना की मूल-प्रेरणा राम-भक्ति—राम-गुण-गान ही है, महाकाव्य की सर्जना नहीं। किंतु यह भक्ति ऐसे आलंबन के प्रति समर्पित है जो धीरोदात्त नायक के संपूर्ण गुणों का आदर्श है—दिव्य सौंदर्य, अनुपम शील और अनंत शक्ति से संपन्न जिसका जीवन अधर्म के नाश और धर्म के संरक्षण की अनवरत साधना है। अतः ऐसे उदात्त जीवन-चरित का वर्णन अनायास ही महाकाव्य का रूप धारण कर लेता है।

अतः रामचरितमानस के रस-विधान के दो स्तर हैं—एक महाकाव्य का और दूसरा भक्तिकाव्य का। पहले स्तर पर महाकाव्य के आधार-रस—सर्वांगपूर्ण वीर, या पाश्चात्य काव्यशास्त्र का 'उदात्त' शब्द ग्रहण कर लें तो उदात्त-रस का परिपाक होता है। दूसरे स्तर पर यह उदात्त-रस भक्ति-रस का पोषक बन कर अंत में उसमें निमग्न हो जाता है। भक्त-कवि और भक्ति-भावना से युक्त प्रत्येक युग का पाठक इस विभूतिमय विराट् भक्तिरस का आस्वादन करता है—और सामान्य सहृदय पाठक आस्तिक भावना से अभिषिक्त सर्वांगपूर्ण वीर या उदात्तरस का संवेदन करता है।

भक्तिरस का यह विराट् रूप—और उधर उदात्त-रस का यह सात्विक या आस्तिक रूप ही मानस के रस-विधान का वैशिष्ट्य है, जो उसे अपने दोनों आधार-ग्रंथों से पृथक् करता है।

अपने इसी वैशिष्ट्य के कारण रामचरितमानस शताब्दियों से संपूर्ण भारत में सर्वाधिक लोकप्रिय रहा है। इसका प्रमाण यह है कि भारत की प्रत्येक भाषा में विगत शताब्दियों में ही इसका अनुवाद हो चुका था—अनेक भाषाओं में तो एकाधिक अनुवाद भी उपलब्ध हैं, और यह कार्य उस समय हुआ था जब आज की तरह अखिल भारतीय स्तर पर भाषाओं के पारस्परिक आदान-प्रदान की सुविधाएँ नहीं थीं। इसके विपरीत वर्तमान शती—या कहना चाहिए कि स्वतंत्रता से पहले किसी दूसरी भाषा में—यहाँ तक कि हिंदी में भी—अन्य भाषा-रामायण का एक भी अनुवाद नहीं मिलता। भारत के राजनीतिक इतिहास-ग्रंथों में भी, इसी व्यापक प्रभाव के कारण कवियों में केवल तुलसीदास का ही उल्लेख मिलता है—न कंबन का और न कृत्तिवास का—यद्यपि काव्यगुण और प्रादेशिक प्रभाव की दृष्टि से उनका महत्त्व कम नहीं है।

●●●

अतः उनका विश्वास है कि उसकी रचना को राम-भक्ति की अभिव्यंजना के कारण ही सज्जनों की अनुशंसा प्राप्त होगी :

राम-भगति-भूषित जिय जानी।
सुमिरहिं सुजन सराहिं सुबानी।।—बालकाण्ड-भूमिका

'रामचरितमानस' के रस-विधान का यह द्वंद्व भक्त-कवि के लिए एक बड़ी चुनौती था जिसका समाधान उसने अपनी प्रतिभा के मौलिक चमत्कार के द्वारा कर लिया है। 'मानस' की रचना की मूल-प्रेरणा राम-भक्ति—राम-गुण-गान ही है, महाकाव्य की सर्जना नहीं। किंतु यह भक्ति ऐसे आलंबन के प्रति समर्पित है जो धीरोदात्त नायक के संपूर्ण गुणों का आदर्श है—दिव्य सौंदर्य, अनुपम शील और अनंत शक्ति से संपन्न जिसका जीवन अधर्म के नाश और धर्म के संरक्षण की अनवरत साधना है। अतः ऐसे उदात्त जीवन-चरित का वर्णन अनायास ही महाकाव्य का रूप धारण कर लेता है।

अतः रामचरितमानस के रस-विधान के दो स्तर हैं—एक महाकाव्य का और दूसरा भक्तिकाव्य का। पहले स्तर पर महाकाव्य के आधार-रस—सर्वांगपूर्ण वीर, या पाश्चात्य काव्यशास्त्र का 'उदात्त' शब्द ग्रहण कर लें तो उदात्त-रस का परिपाक होता है। दूसरे स्तर पर यह उदात्त-रस भक्ति-रस का पोषक बन कर अंत में उसमें निमग्न हो जाता है। भक्त-कवि और भक्ति-भावना से युक्त प्रत्येक युग का पाठक इस विभूतिमय विराट् भक्तिरस का आस्वादन करता है—और सामान्य सहृदय पाठक आस्तिक भावना से अभिषिक्त सर्वांगपूर्ण वीर या उदात्तरस का संवेदन करता है।

भक्तिरस का यह विराट् रूप—और उधर उदात्त-रस का यह सात्विक या आस्तिक रूप ही मानस के रस-विधान का वैशिष्ट्य है, जो उसे अपने दोनों आधार-ग्रंथों से पृथक् करता है।

अपने इसी वैशिष्ट्य के कारण रामचरितमानस शताब्दियों से संपूर्ण भारत में सर्वाधिक लोकप्रिय रहा है। इसका प्रमाण यह है कि भारत की प्रत्येक भाषा में विगत शताब्दियों में ही इसका अनुवाद हो चुका था—अनेक भाषाओं में तो एकाधिक अनुवाद भी उपलब्ध हैं, और यह कार्य उस समय हुआ था जब आज की तरह अखिल भारतीय स्तर पर भाषाओं के पारस्परिक आदान-प्रदान की सुविधाएँ नहीं थीं। इसके विपरीत वर्तमान शती—या कहना चाहिए कि स्वतंत्रता से पहले किसी दूसरी भाषा में—यहाँ तक कि हिंदी में भी—अन्य भाषा-रामायण का एक भी अनुवाद नहीं मिलता। भारत के राजनीतिक इतिहास-ग्रंथों में भी, इसी व्यापक प्रभाव के कारण कवियों में केवल तुलसीदास का ही उल्लेख मिलता है—न कंबन का और न कृत्तिवास का—यद्यपि काव्यगुण और प्रादेशिक प्रभाव की दृष्टि से उनका महत्त्व कम नहीं है।

●●●

अतः उनका विश्वास है कि उसकी रचना को राम-भक्ति की अभिव्यंजना के कारण ही सज्जनों की अनुशंसा प्राप्त होगी :

राम-भगति-भूषित जिय जानी।
सुमिरहिं सुजन सराहिं सुबानी।।—बालकाण्ड-भूमिका

'रामचरितमानस' के रस-विधान का यह द्वंद्व भक्त-कवि के लिए एक बड़ी चुनौती था जिसका समाधान उसने अपनी प्रतिभा के मौलिक चमत्कार के द्वारा कर लिया है। 'मानस' की रचना की मूल-प्रेरणा राम-भक्ति—राम-गुण-गान ही है, महाकाव्य की सर्जना नहीं। किंतु यह भक्ति ऐसे आलंबन के प्रति समर्पित है जो धीरोदात्त नायक के संपूर्ण गुणों का आदर्श है—दिव्य सौंदर्य, अनुपम शील और अनंत शक्ति से संपन्न जिसका जीवन अधर्म के नाश और धर्म के संरक्षण की अनवरत साधना है। अतः ऐसे उदात्त जीवन-चरित का वर्णन अनायास ही महाकाव्य का रूप धारण कर लेता है।

अतः रामचरितमानस के रस-विधान के दो स्तर हैं—एक महाकाव्य का और दूसरा भक्तिकाव्य का। पहले स्तर पर महाकाव्य के आधार-रस—सर्वांगपूर्ण वीर, या पाश्चात्य काव्यशास्त्र का 'उदात्त' शब्द ग्रहण कर लें तो उदात्त-रस का परिपाक होता है। दूसरे स्तर पर यह उदात्त-रस भक्ति-रस का पोषक बन कर अंत में उसमें निमग्न हो जाता है। भक्त-कवि और भक्ति-भावना से युक्त प्रत्येक युग का पाठक इस विभूतिमय विराट् भक्तिरस का आस्वादन करता है—और सामान्य सहृदय पाठक आस्तिक भावना से अभिषिक्त सर्वांगपूर्ण वीर या उदात्तरस का संवेदन करता है।

भक्तिरस का यह विराट् रूप—और उधर उदात्त-रस का यह सात्विक या आस्तिक रूप ही मानस के रस-विधान का वैशिष्ट्य है, जो उसे अपने दोनों आधार-ग्रंथों से पृथक् करता है।

अपने इसी वैशिष्ट्य के कारण रामचरितमानस शताब्दियों से संपूर्ण भारत में सर्वाधिक लोकप्रिय रहा है। इसका प्रमाण यह है कि भारत की प्रत्येक भाषा में विगत शताब्दियों में ही इसका अनुवाद हो चुका था—अनेक भाषाओं में तो एकाधिक अनुवाद भी उपलब्ध हैं, और यह कार्य उस समय हुआ था जब आज की तरह अखिल भारतीय स्तर पर भाषाओं के पारस्परिक आदान-प्रदान की सुविधाएँ नहीं थीं। इसके विपरीत वर्तमान शती—या कहना चाहिए कि स्वतंत्रता से पहले किसी दूसरी भाषा में—यहाँ तक कि हिंदी में भी—अन्य भाषा-रामायण का एक भी अनुवाद नहीं मिलता। भारत के राजनीतिक इतिहास-ग्रंथों में भी, इसी व्यापक प्रभाव के कारण कवियों में केवल तुलसीदास का ही उल्लेख मिलता है—न कंबन का और न कृत्तिवास का—यद्यपि काव्यगुण और प्रादेशिक प्रभाव की दृष्टि से उनका महत्त्व कम नहीं है।